Constantin Ettingshausen

Beiträge zur Kenntniss der Kreideflora Australiens

Constantin Ettingshausen

Beiträge zur Kenntniss der Kreideflora Australiens

ISBN/EAN: 9783744622479

Hergestellt in Europa, USA, Kanada, Australien, Japan

Cover: Foto ©berggeist007 / pixelio.de

Weitere Bücher finden Sie auf **www.hansebooks.com**

DER

KREIDEFLORA AUSTRALIENS

VON

Prof. Dr. CONSTANTIN Freih. v. ETTINGSHAUSEN,

C. M. K. AKAD.

(Mit 4 Tafeln.)

BESONDERS ABGEDRUCKT AUS DEM LXII. BANDE DER DENKSCHRIFTEN DER MATHEMATISCH-NATURWISSENSCHAFTLICHEN CLASSE DER KAISERLICHEN AKADEMIE DER WISSENSCHAFTEN

WIEN 1895.
AUS DER KAISERLICH KÖNIGLICHEN HOF- UND STAATSDRUCKEREI.

IN COMMISSION BEI F. TEMPSKY.
BUCHHÄNDLER DER KAISERLICHEN AKADEMIE DER WISSENSCHAFTEN

BEITRÄGE ZUR KENNTNISS

DER

KREIDEFLORA AUSTRALIENS

VON

Prof. Dr. CONSTANTIN Freih. v. ETTINGSHAUSEN,

C. M. K. AKAD.

(Mit 3 Tafeln.)

VORGELEGT IN DER SITZUNG AM 18. OCTOBER 1891

In den Sitzungsberichten Bd. CII, Abth. I, S. 126 habe ich der kais. Akademie über eine Sammlung höchst interessanter Pflanzenfossilien aus Queensland, welche Herr H. G. Stokes in Brisbane zu Stande gebracht und mir durch Herrn Robert Etheridge, Staatsgeologen in Sidney, zur Untersuchung übermittelt worden ist, vorläufigen Bericht erstattet und zugleich mir vorbehalten, die Ergebnisse derselben in einer Denkschriften-Abhandlung, welche nun hier vorliegt, ausführlich zu begründen. Dieselbe schliesst sich den in den Denkschriften Bd. XLVII und LIII erschienenen Beiträge zur Kenntniss der Tertiärflora Australiens· an.

Die Lagerungsverhältnisse der Pflanzenfossilien führenden Schichten sind in dem hochverdienstlichen Werke »The Geology and Palaeontology of Queensland and New Guinea« von Robert Jack und Robert Etheridge jun. auseinandergesetzt, worauf ich verweisen muss. Hier habe ich vorerst nur die Localitäten namhaft zu machen, von welchen die von mir untersuchten fossilen Pflanzenreste stammen.

I. Oxley Road, nächst der Eisenbahnstation Oxley, beiläufig 150′ über dem Meere. Die Pflanzenfossilien zeigen wegen der feineren mergelartigen Gesteinsbeschaffenheit eine ziemlich gute Erhaltung.

II. Strasseneinschnitt bei Oxley, nahe dem Flusse, beiläufig 210′ über dem Meere. Das Gestein ist ähnlich dem der vorigen Localität, die Erhaltung der Reste nicht minder gut.

III. Eisenbahneinschnitt nördlich von der Station Oxley, beiläufig 160′ über dem Meere, bietet ein meist grobsandiges Gesteinsmaterial, in welchem die Reste mit Ausnahme der derben Pflanzentheile sich meist weniger gut erhalten haben.

IV. Ipswich Road, gegenüber der Eisenbahnstation Warragh, beiläufig 190′ über dem Meere, enthält ein feinsandiges Gesteinsmaterial, in dem die eingeschlossenen Pflanzenreste entsprechend besser erhalten sind, als in der Localität III.

V. Nächst Oxley Creek, beiläufig 100′ über dem Meere, mit einem gröber sandigen, der Erhaltung der Reste ungünstigen Gesteinsmaterial.

VI. Sherwood, nahe der Eisenbahnstation, beiläufig 160′ über dem Meere, enthält ein der Erhaltung der Pflanzenreste günstiges Schiefergestein.

VII. Eisenbahneinschnitt zwischen den Stationen Warragh und Oxley, beiläufig 172' über dem Meere. Die fossilienhältigen Schichten bestehen aus einem Thon, in welchem die Pflanzenreste sich am besten erhalten haben.

Die aus den oben aufgezählten Localitäten gewonnenen bestimmbaren Pflanzenfossilien konnten zu 62 Arten gestellt werden, welche sich auf 26 Ordnungen und 44 Gattungen vertheilen, wobei alle Hauptabtheilungen der Gefässpflanzen vertreten erscheinen. Nur vier Arten sind aus anderen fossilen Floren bereits bekannt und beschrieben worden; sie gehören der Kreideperiode an, und zwar 3 Arten der Kreideflora Neuseelands und 1 Art der Europas. Die Mehrzahl der neuen Arten schliessen sich Arten der Kreideflora an und vertheilen sich auf die Gattungen *Thuites*, *Glyptostrobus*, *Cyperacites*, *Casuarina*, *Myrica*, *Dryophyllum*, *Quercus*, *Fagus*, *Ficus*, *Artocarpidium*, *Cinnamomum*, *Diemenia*, *Laurus*, *Proteoides*, *Conospermites*, *Rhopalophyllum*, *Banksia*, *Apocynophyllum*, *Diospyros*, *Andromeda*, *Aralia*, *Ceratopetalum*, *Debeya*, *Eucalyptus*, *Myrtophyllum* und *Cassia*.

Nur 14 Arten schliessen sich Arten der Tertiärflora enger an, und zwar der Gattungen *Zosterites*, *Ceratophyllum*, *Fagus*, *Monimia*, *Grevillea*, *Banksia*, *Malpighiastrum*, *Banisteriophyllum*, *Elaeodendron*, und *Eucalyptus*.

Die Pflanzenfossilien, zu welchen keine Art-Analogien gefunden werden konnten, sind theils neuen Gattungen wie *Aulacolepis*, *Myricophyllum*, *Etheridgea*, *Podalyriophyllum*, theils Sammelgattungen, wie *Leguminosites*, *Carpolithes*, *Phyllites*, eingereiht worden.

Schon nach den angegebenen Thatsachen kann diese fossile Flora nur der Kreideperiode angehören. Aber auch aus dem Charakter jeder einzelnen Florula der oben genannten Localitäten lässt sich das gleiche Resultat ableiten, und wie aus dem Folgenden entnommen werden kann, auch die Altersstufe angeben.

Von 15 verschiedenen Arten aus der Localität I fallen auf 9 Arten Analogien, welche auf die Kreide hinweisen, und 1 Art ist mit einer der Kreideflora ident; dagegen kommen nur auf 4 Arten Analogien, die bis jetzt ausschliesslich der Tertiärflora eigen sind. Keine Art ist mit einer tertiären ident. An dieser Localität wurden gesammelt: Zweigbruchstücke und Samen von *Glyptostrobus*, erstere entsprechend den Resten von *G. groenlandicus* Heer aus den Kome-Schichten; ein *Zosterites*, nächstverwandt der *Zostera Ungeri* m. var. *angustifolia* aus der fossilen Flora von Sagor; Blattreste von Palmen, vorläufig noch unbestimmbar; Zweigbruchstücke von *Casuarina*, besonders entsprechend der *C. cretacea* m. aus der Kreideflora Neuseelands; Blattfossilien einer *Myrica*, sehr ähnlich der im Tertiär weit verbreiteten *M. lignitum* Ung., aber auch entsprechend der *M. thulensis* Heer aus den Kreideschichten Grönlands; ein *Dryophyllum*, ausserordentlich ähnlich dem *D. primordiale* Lesq. aus der nordamerikanischen Kreide; eine *Monimia*, entsprechend der *M. vestita* aus der Tertiärflora Australiens; ein *Cinnamomum*, ident mit dem *C. primigenium* der Kreideflora von Niederschoena. Im Eocän Europas und in der Kreideflora Grönlands ist diese Art durch *C. sezannense* Wat. vertreten. Von *Diemenia* fand sich eine Art, die einerseits der *D. speciosa* aus der Eocänflora Australiens, anderseits der *D. affinis* Hos et v. d. Marck sp. aus der Flora der westfälischen Kreideformation analog ist. Es kamen weiters vor: ein *Rhopalophyllum*, einerseits dem *Rh. acuminatum* Ung. sp. aus der europäischen Tertiärflora, anderseits dem *Rh. primaevum* m. aus der Kreideflora von Niederschoena analog; eine *Aralia*, ausserordentlich nahe kommend der *A. formosa* Heer aus den Kreidefloren Europas und Nordamerikas; eine *Debeya*-Art, entsprechend der *D. serrata* Miq. aus der Kreideflora Europas; zwei Arten von *Eucalyptus*, entsprechend Tertiär-Arten Australiens; ein *Myrtophyllum* analog dem *M. parvulum* Heer aus der Kreideflora der arktischen Zone; endlich eine *Phyllites*-Art.

Nach den aufgezählten Analogien kann diese Florula nur der Kreide zugewiesen werden. Da aber von den Arten, welche Kreide-Arten entsprechen, drei auch in der Tertiärflora Analogien finden, nämlich *Myrica pseudo-lignitum*, *Diemenia lancifolia* und *Rhopalophyllum australe*, und überdies vier Arten tertiären allein entsprechen, so dürfen wir die Localität I zur oberen Kreide rechnen.

Die Localität II lieferte 12 Pflanzenarten, von denen 5 in der Kreideflora und nur 2 ausschliesslich in der Tertiärflora ihre Analogien finden, 5 Arten weisen keine Analogien auf. Es kamen hier zum

Vorschein: Ein *Acrostichum*, welches zwar keine nähere Analogie in der Flora der Vorwelt, wohl aber in den Tropenfloren der Jetztwelt aufzuweisen hat; Zweigchen und Samen einer *Thuites*-Art, analog dem *Th. Hoheneggeri* m., bisher in den Wernsdorfer und in den Kome-Schichten beobachtet; Palmenreste, bis jetzt nicht näher bestimmbar; eine *Quercus*-Art, analog einerseits der *Q. Myrtillus* Heer aus den Patoot-Schichten, anderseits der *Q. Austini* m. der Eocänflora Australiens. Bemerkenswerth ist, dass das Vorkommen von *Quercus* in dieser Localität auch durch Fruchtreste bestätigt wird. Ferner fanden sich daselbst: eine *Banksia*-Art, analog einerseits der *B. haldemiana* Hos. et v. d. Marck sp. aus der Kreideflora Westfalens, anderseits der *B. Horelli* m. aus der Eocänflora Australiens; eine *Andromeda*-Art, entsprechend der *A. Parlatorii* Heer aus den Atane-Schichten der grönländischen Kreideformation und den Schichten der nordamerikanischen Kreide; eine *Eucalyptus*-Art, analog der *E. Hentuanui* m. aus den Eocänschichten Australiens; zwei wohlverschiedene Arten von *Cassia*, die Eine analog der *C. augusta* Heer aus den Atane-Schichten und der europäischen Kreide, die Andere nahekommend tertiären Arten (*C. memnonia* Ung. der europäischen und *C. Pseudo-memnonia* m. der neuseeländischen Tertiärflora); eine *Leguminosites*-Art und zwei *Carpolithes*-Arten.

Es stellt sich hier fast das gleiche Verhältniss der Kreide- und Tertiär-Analogien heraus wie bei der Localität I, und ist demnach diese Florula ebenfalls der oberen Kreide zuzuweisen und die Gleichzeitigkeit beider Localitäten anzunehmen, obgleich denselben nur eine einzige Gattung (*Eucalyptus*) bis jetzt gemeinschaftlich zukommt.

Aus der Localität III sind 15 Arten (wenn die Palmenreste zu einer Art gerechnet werden) zum Vorschein gekommen. Von diesen sind 4 Art ident mit einer Kreide-Art, 5 Arten ausschliesslich analog Kreide-Arten, 2 Arten analog je einer Kreide- und einer Tertiär-Art und 3 Arten ausschliesslich analog Tertiär-Arten. Die hier aufgefundenen fossilen Pflanzen sind: Eine *Glyptostrobus*-Art, dieselbe die auch in der Localität I erschien; eine neue Cupressineen-Gattung (*Aulacolepis*, entsprechend der Gattung *Cyparissidium* aus den Kome-Schichten; Palmenreste, ähnlich denen der vorhergehenden Localitäten; ein *Ceratophyllum*, entsprechend dem *C. tertiarium* aus den Tertiärschichten von Schönegg bei Wies; eine Anzahl Cupuliferen, so fünf *Quercus*- und zwei *Fagus*-Arten; von den *Quercus*-Arten ist eine ident mit der neuseeländischen *Q. uelsonica* m. aus der Kreide, zwei entsprechen Kreide-Analogien von Nordamerika und Neuseeland, die vierte entspricht theils einer Kreide-Art Neuseelands, theils einer europäischen Tertiär-Art, die fünfte ist ohne Analogie; von den Buchen-Arten ist eine nur Kreide-Arten, die andere einer Kreide und einer Tertiär-Art analog. Endlich sind noch zwei *Debeya*-Arten analog Kreide-Arten und ein *Elaeodendron*, entsprechend einer nordamerikanischen Tertiär-Art zu erwähnen. Die Gemeinsamkeit einiger Arten mit der Localität I weiset auf das gleiche Alter hin.

Von der artenreichsten Localität IV fallen auf 23 Arten 11 Kreide- und 5 Tertiär-Analogien; 5 Arten entsprechen sowohl Kreide- als auch Tertiär-Arten; zu zwei Arten konnten keine Analogien gefunden werden. Es sind hier zu Tage gefördert worden: Reste einer Palmen-Art, bis jetzt unbestimmbar; ein Blattfossil nächst verwandt denen der *Myrica lignitum* Ung. und ident mit dem *Myrica*-Blatte aus der Localität I; zwei *Fagus*-Arten, Vorläufer von Tertiär-Arten; eine *Ficus*-Art, analog einerseits der *F. populina* Heer der europäischen Tertiärflora, anderseits der *F. halliana* Lesq. der nordamerikanischen Kreideflora; ein *Artocarpidium*, entsprechend dem *A. cretaceum* m. aus den Kreideschichten von Niederschoena; zwei *Cinnamomum*-Arten, die eine mit einer Art der Kreideflora Europas, die andere mit einer Kreide-Art Neuseelands ident; eine *Laurus*-Art, analog der *L. plutonia* Heer der Atane- und Patoot-Schichten; ein *Rhopalophyllum*, analog einerseits dem *Rh. primaevum* m. der Kreideflora Europas, anderseits dem *Rh. acuminatum* Ung. sp. der Tertiärflora Europas; ein *Apocynophyllum*, analog Kreide-Arten; eine *Diospyros*-Art, in Blatt- und Fruchtrest vorliegend, analog Kreide-Arten; ein *Ceratopetalum*, analog dem *C. riculare* m. aus der Kreideflora Neuseelands; zwei *Debeya*-Arten, analog solchen der Kreideflora Europas und der arctischen Zone; ein Fruchtfossil, einer neuen Tiliaceen-Gattung, *Elberidgea*, analog dem *Elaeocarpus* angehörig; ein *Malpighiastrum* und ein *Banisteriophyllum*, analog solchen der Tertiärfloren Europas und Australiens; drei *Eucalyptus*-Arten, analog theils Kreide-, theils Tertiär-Arten; zwei *Cassia*-Arten, die Eine analog der

C. memnonia Ung. der Tertiärflora Europas, die Andere ident mit einer neuseeländischen Kreide-Art. Da diese Localität mehrere Arten mit den vorhergehenden Fundstätten theilt, so kann an dem gleichen Alter derselben nicht gezweifelt werden.

Die Localitäten V und VI sind sehr arm an Pflanzenfossilien. Erstere lieferte nur eine einzige bestimmbare Art, und diese entspricht einer Kreide-Art; an letzterer wurden nur solche, die keine Analogien aufweisen oder zweifelhafte Reste gesammelt.

Die Localität VII enthält bis jetzt 15 Arten, von denen 5 ausschliesslich Kreide-Arten und 5 Arten, die solchen und zugleich Tertiär-Arten analog sind; nur 1 Art ist einer tertiären allein analog; 4 Arten haben keine Analogien. Die Bestimmung der Arten ergab: Eine *Cyperites*-Art, analog dem *C. hyperboreus* Heer aus den Kome-Schichten; eine *Casuarina*, höchst wahrscheinlich dieselbe, welche in der Localität I zum Vorschein kam; eine *Myricacea*, welche von der *Myrica* aus den Localitäten I und IV wesentlich abweicht und vorläufig als *Myricophyllum* bezeichnet worden ist; eine auch aus der Localität II zum Vorschein gekommene *Quercus*-Art; sechs Proteaceen, und zwar eine *Proteoides*-Art, analog der *P. acuta* Heer aus der Dakota Group; ein *Conospermites*, analog dem *C. haleacfolius* m. aus der Kreideflora von Niederschoena und Böhmens; eine *Grevillea*-Art, analog der *G. constans* Vel. aus der Böhmischen Kreide und der tertiären *G. haeringiana* m.; endlich drei *Banksia*-Arten, verschieden von der an der Localität II gesammelten Art, und theils Tertiär-, theils Kreide-Arten analog; eine *Diospyros*- und eine *Eucalyptus*-Art, beide auch aus der Localität IV gesammelt; ein *Podalyriophyllum* und zwei *Carpolithes* ohne Analogien. Wegen der vorwiegenden Kreide-Analogien und der Identität einiger Arten mit solchen aus den vorhergehenden Localitäten kann diese Florula nur der Kreidezeit und zwar wahrscheinlich demselben Abschnitte angehören.

Die bis jetzt zu Tage geförderte australische Kreideflora lieferte folgendes phylogenetische Material. Dass in der Kreideflora die Stammarten tertiärer Arten enthalten sind, kann nicht bezweifelt werden. Dies lässt sich auch aus der Kreideflora Australiens deutlich entnehmen, besonders wenn man ihre Analogien mit der Tertiärflora dieses Continents ins Auge fasst. So können *Casuarina primaeva* mit *C. Kookii* m., *Myrica pseudo-lignitum* mit *M. Koninki* m., *Dryophyllum Lesquereuxii* mit *D. Howitti* m., *Quercus nelsonica* mit den ähnlichen *Q. drymejoides, Hartogi* und *Darwinii* m., *Quercus Stokesii* mit *Q. Hookeri* m., *Quercus eucalyptoides* mit *Q. Austini* m., *Fagus prae-ninnisiana* mit *F. Beuthami* m., *Monimia prae-vestita* mit *M. vestita* m., *Cinnamomum primigenium* mit *C. Woodwardii* m. und *C. polymorphoides* M'Coy, *Diemenia lancifolia* mit *D. speciosa* und *D. perseaefolia* m., *Laurus plutonius* mit *L. australiensis* m., *Grevillea oxleyana* mit *G. proxima* m., *Banksia plagioneura* mit *B. Blaxlandii* m., *B. crenata* mit *B. Howelli* m., *Malpighiastrum cretaceum* mit *M. Babbagei* m., *Banisteriophyllum cretaceum* mit *B. australiense, Eucalyptus cretacea* mit *E. Hayi* m., *E. Davidsoni* mit *E. Heutmanni* m., *E. oxleyana* mit *E. Mitchelli, E. scoliophylla* mit *E. Diemenii* m., *Cassia prae-phaseolitoides* mit *C. phaseolitoides* m. in genetische Verbindung gebracht werden.

Zum Schlusse des allgemeinen Theiles folgen hier die Resultate der Vergleichung der wichtigsten bis jetzt bekannt gewordenen Kreidefloren mit der Australiens.

Die Kreideflora der arctischen Zone enthält die meisten Analogien zur Kreideflora Australiens. Allerdings liegt dem vielleicht die ausführliche Bearbeitung, welche erstere durch Oswald Heer erfahren hat, zu Grunde. Die Gattung *Thuites* ist in der Flora des Urgon von Nordgrönland durch zwei Arten vertreten: eine derselben, *Th. Holteneggeri* m. kommt dem *Th. Wilkinsoni* m. aus der Localität I nahe. Auch die Atane-Schichten Grönlands enthalten diese Gattung, jedoch in einer der australischen entfernter verwandten Art. Den im Tertiär so verbreiteten *Glyptostrobus* theilt die untere Kreide der arctischen Zone mit der australischen in einer analogen Art, *G. greenlandicus* Heer; ebenso *Cyperacites* in dem *C. hyperboreus* Heer, analog dem *C. ambiguus* m.; *Myrica thulensis* Heer aus den Schichten von Unter-Atanekerdluk darf als Analogie der *M. pseudo-lignitum* m. in der Kreideflora der arctischen Zone betrachtet werden. Von *Quercus* finden sich zwei den australischen analoge Arten in den Patoot-Schichten Grönlands: *Q. denticulata* Heer, entsprechend der *Q. nelsonica* m. und *Q. Myrtillus* Heer, entsprechend der *Q. eucalyptoides* m. Die Atane- und

Patoot-Schichten enthalten zwei *Cinnamomum*-Arten, welche als stellvertretende Arten des *C. Haastii* m. und *C. primigenium* m. der australischen Kreide erscheinen. Von den vier bis jetzt in der Kreideflora der arctischen Zone entdeckten *Laurus*-Arten steht *L. plutonia* Heer einer australischen (*L. plutonina* m. aus der Localität IV) am nächsten. Bei der so umfassenden Bearbeitung der arctischen Kreideflora schien es auffallend, dass die Apocynaceen darin fehlen, während diese Ordnung in der australischen Kreide vorkommt und vielleicht von keiner Kreideflora ausgeschlossen ist. Eine Umschau unter den bisher bekannt gewordenen Fossilformen der arctischen Kreideflora führte nun mit Sicherheit dahin, dass die als *Myrica longa* Heer bezeichneten Blattfossilien zu den Apocynaceen gehören. Die Fruchtähre und Einzelfrüchte von *Myrica*, die sich mit diesen Blattfossilien in Isunguak fanden, gehören mit den ebendaselbst vorkommenden Blättern der *Myrica emarginata* Heer zu einer Art, keineswegs aber dürfen sie zu den Blättern, genannt *Myrica longa*, welche in der Nervation und Form die Eigenschaften von Apocynaceen besitzen, gezogen werden. In der Kreideflora Australiens ist *Apocynophyllum longum* durch *A. Warraghianum* m. repräsentirt. In den Atane- und den Patoot-Schichten sind bis jetzt zwei *Diospyros*-Arten aufgefunden worden, von denen *D. prodromus* Heer auch in der Kreideflora Australiens ein Analogon aufweiset. Von *Andromeda*, einer in der Tertiärflora sehr verbreiteten Gattung, haben sich zwei Arten in den Atane-Schichten gefunden; eine derselben, *A. Parlatorii* Heer kann als Analogon der *A. australiensis* m. aus der Localität II bezeichnet werden. Von der Gattung *Debeya*, welche besonders in der Kreideflora Westfalens unsere Aufmerksamkeit fesselt, sehen wir in der Flora der Atane-Schichten eine, in der der Patoot-Schichten aber drei Arten auftreten. Die in beiden Schichten vorkommende *D. insignis* Hos. et v. d. Marck sp. kann als Analogon der aus drei Localitäten der australischen Kreide erschienenen *D. australiensis* m. gelten. Von den vier bis jetzt unterschiedenen Myrtaceen der Atane-Schichten ist *Eucalyptus Geinitzii* Heer analog der *E. cretacea* m. aus der Localität IV, während *Myrtophyllum parculum* Heer sich dem *M. latifolium* m. aus der Localität I anreiht. Von den zehn bis jetzt bestimmbaren Leguminosen der arctischen Kreideflora können *Cassia augusta* Heer (entsprechend *C. Etheridgei* m.) und *C. Ettingshauseni* Heer (entsprechend der *C. praephaseolitoides* m.) als Analogien der australischen bezeichnet werden.

Die fossile Flora der Dakota Group, aufgeschlossen durch die ausgezeichnete Bearbeitung Leo Lesquereux's, theilt eine namhafte Zahl von analogen Formen mit der Kreideflora Australiens. *Dryophyllum primordiale* Lesq. der Schichten von Nebraska hat in dem *D. Lesquereuxii* m. eine sehr nahekommende Analogie. Von *Quercus* sind drei Arten aufzuführen. *Q. Ellsworthiana* Lesq. aus denselben Schichten, analog der *Q. nelsonica* m., *Q. Morrisoniana* Lesq. von Colorado, analog der *Q. Stokesii* m. und *Q. hexagona* Lesq. aus Nebraska, analog der *Q. colpophylla* m. Eine *Fagus*-Art, *F. proto-uncifera* Daws. aus den Schichten von Peace River zeigt in den Merkmalen des Blattes viele Übereinstimmung mit der *F. prae-ninnisiana* m. der Kreideflora Australiens, während die Frucht der von *F. ninnisiana* Ung. aus der Tertiärflora Neuseelands sehr ähnlich ist. Eine *Ficus*-Art, *F. halliana* Lesq. aus den Schichten von Minnesota ist analog der *F. Ipswichiana* m. aus der Localität IV. Von den zwei *Cinnamomum*-Arten der Dakota-Group ist *C. Heeri* Lesq. von Fort Harker analog dem *C. Haastii* m. der Kreideflora Australiens und Neuseelands. Von den Proteaceen der Dakota-Group ist *Proteoides acuta* Heer analog dem *P. australiensis* m. aus der Localität VII. Von den Gamopetalen sind zwei Analogien zu verzeichnen, *Diospyros vancouverensis* Daws. entsprechend der *D. cretacea* aus den Localitäten IV und VII und *Andromeda Parlatorii* Heer, analog der *A. australiensis*. Von den Dialypetalen der Dakota-Group ist *Aralia formosa* Heer hervorzuheben, welche der *A. subformosa* m. aus der Localität I in mehrfacher Beziehung sehr nahe kommt.

Von den Kreidefloren Europas zeigt die westfälische, deren treffliche Bearbeitung wir den Herren Prof. Hosius und Dr. v. d. Marck verdanken, die meisten Analogien mit der Kreideflora Australiens. Hier bemerken wir eine *Casuarina*-Form (von den genannten Bearbeitern zuerst als *Calamitopsis*, dann als *Frenelopsis* bezeichnet), analog der *C. primaeva* m. aus den Localitäten I und VII; *Myrica primaeva* Hos. et v. d. M., analog der *M. pseudo-ligitum*; *Quercus westfalica* Hos. et v. d. M. nähert sich in ihrer Varietät γ. *oblonga* viel der *Q. nelsonica* m., während *Q. hieracifolia* Hos. et v. d. M. eine wenn auch nur entferntere Analogie zur *Q. colpophylla* m. bildet. Die mehreren *Ficus*-Formen der westfälischen Kreide finden in der australischen bis jetzt keinen Repräsentanten; hingegen kann *Artocarpus undulata* Hos. als ein Analogon des *Artocarpidium pseudo-cretaceum* m. bezeichnet werden. Es wurden unter den Pflanzenfossilien der westfälischen Kreideformation bisher keine *Cinnamomum*-Reste unterschieden, was bei der grossen Verbreitung der letzteren in eocänen und Kreideschichten immerhin auffallend erscheinen musste. Ich glaube nun auch *Cinnamomum* für die westfälische Kreideflora annehmen zu dürfen, da die als *Melastomites cuneiformis* Hos. et. v. d. Marck (zuerst als *Phyllites triplinervis* Hos.) bezeichneten Blattreste am besten zu einer *Cinnamomum*-Art, welche sich dem *C. primigenium* m. am meisten anschliesst, zu stellen sind. Ebendaselbst kommen Laurineen-Blätter vor, welche nach den Merkmalen ihrer Secundärnerven zu *Laurus*, nach denen der Tertiärnerven aber zu *Cinnamomum* passen. Solche Blätter, welche ich einer intermediären Gattung (*Diemenia*) einreihte, sind mir zuerst unter den Resten der Eocänflora Australiens aufgefallen. Sie finden sich auch unter den Fossilien der Eocänflora von Gelinden. Die Untersuchung der Kreidepflanzen Australiens lehrte, dass sie dort ebenfalls nicht fehlen, und es zeigt sich sogar eine grosse Annäherung der *Diemenia lancifolia* m. aus der Localität I zur *D. affinis* Hos. et v. d. Marck sp. Von den als *Myrica*- und *Dryandroides*-Arten bezeichneten Blattfossilien der westfälischen Kreide zähle ich nun einige zu *Banksia* wegen ihrer grossen Ähnlichkeit mit *Banksia*-Resten der europäischen und der australischen Tertiärschichten. Ich habe bereits an einem anderen Ort nachgewiesen und muss es hier hervorheben, dass den meisten der Tertiär-Banksien, auch den australischen, keineswegs stumpfe oder abgestutzte, sondern zugespitzte Blätter eigen sind. Dagegen habe ich an jetztlebenden Banksien, die normal abgestutzt-stumpfe Blätter haben, z. B. an *Banksia serrata*, zugespitzte Blätter beobachtet. Diese kommen unter besonderen Umständen (Frosteinwirkung, starkes Beschneiden der Pflanze u. A.) zur Bildung und können als atavistische Formen bezeichnet werden. Den Banksien der westfälischen Kreide entsprechen solche der australischen, so der *Banksia leiophylla* H. et M. die *B. plagionura* m. aus der Localität VII, und der *B. haldemiana* H. et M. die *B. crenata* m. aus der Localität II. Von den *Apocynophyllum*-Resten der westfälischen Kreide entspricht *A. subrepandum* v. d. Marck am meisten dem *A. Warraghianum* m. aus der Localität IV. Von den Dialypetalen dieser Flora ist *Debeya insignis* H. et M. sp. analog der *D. australiensis*, und *Eucalyptus haldemiana* Deb. analog der *E. Davidsoni* m. aus der Localität II.

Von den hier noch in Betracht kommenden europäischen Kreidefloren ist zunächst die fossile Flora von Niederschoena in Sachsen hervorzuheben, welche eine Art (*Cinnamomum primigenium* m.) und neun Gattungen mit der australischen Kreideflora theilt. Die bemerkenswertheren Analogien sind: *Quercus Beyrichii* m., entsprechend der *Q. nelsonica*; *Fagus prisca* m. analog der *F. leptoneura* m. aus der Localität III; *Artocarpidium cretaceum* m. entsprechend dem *A. pseudo-cretaceum* m.; *Conospermites bakeaefolius* m., entsprechend dem *C. linearifolius* m.; *Rhopalophyllum primaevum* m. analog dem *R. australe* m. aus den Localitäten I und IV; *Banksia prototypa* m. analog der *B. cretacea* m. aus der Localität VII; *Apocynophyllum cretaceum* m. entsprechend dem *A. Warraghianum* m.; *Cassia angusta* Heer, analog der *C. Etheridgei* m. aus der Localität II.

Die fossilen Floren von Moletein und der böhmischen Kreide, erstere von Oswald Heer, letztere von J. Velenovsky trefflich bearbeitet, enthalten einige zum Theil sehr nahe stehende Analogien mit der Kreideflora Australiens. Besonders hervorzuheben ist die beiden Floren gemeinsame *Aralia formosa* Heer, deren aus Böhmen stammende, von Velenovský beschriebenen Formen nahezu einen Übergang zur *Aralia subformosa* m. aus der Localität I bilden. Die Kreideflora von Moletein weiset ferner Analogien von *Apocynophyllum* und *Eucalyptus*; die böhmische Kreide Analogien von *Quercus* (*Q. westfalica* mit *Q. nelsonica*). *Laurus* (*L. plutonia* Heer mit *L. plutonina* m.), *Conospermites* (*C. bakeaefolius* mit *C. linearifolius* m.), *Grevillea* (*G. exustans* Vel. mit *G. oxleyana* m.), *Diospyros* (*D. provecta* Vel. mit *D. cretacea* m.), *Eucalyptus* (*E. Geinitzii* Heer mit *E. cretacea* m. und *E. angusta* Vel. mit *E. warraghiana* m.) auf.

Schliesslich haben wir noch die Kreideflora Neuseelands mit der Australiens zu vergleichen. Dass wir da mehreren Analogien begegnen, wird keineswegs Befremden erregen können. Hier sind hervorzuheben die gemeinsamen Arten *Quercus nelsonica* m., *Cinnamomum Haastii* m. und *Cassia prae-phaseoli-toides* m., dann die Analogien von *Casuarina cretacea* m. mit *C. primaeva* m., *Dryophyllum nelsonicum* m.

mit *D. Lesquereuxii* m., *Quercus pachyphylla* m. mit *Q. pseudo-chlorophylla* m., *Q. calliprinoides* m. mit *Q. colpophylla* m., *Fagus nelsonica* m. mit *F. leptoneura* m., *Ceratopetalum rivulare* m. mit *C. primigenium* m.

Als das wichtigste allgemeine Resultat dieser Vergleichungen ist hervorzuheben, dass eine auffallende Ähnlichkeit der Kreideflora Australiens mit den Kreidefloren Europas, der arctischen Zone, Nordamerikas und Neuseelands festgestellt werden konnte. Es beruht dies aber gewiss nicht auf blossem Zufall. Die genannten Floren umfassen alle bis jetzt besser bekannt gewordenen Kreidefloren. Würden wir noch andere Kreidefloren kennen lernen, so dürfte sich wahrscheinlich auch bezüglich dieser das gleiche Resultat herausstellen und der Schluss ergeben, dass alle Kreidefloren der Erde untereinander nahe verwandt sind. Schon die bis jetzt genauer bekannt gewordenen Tertiärfloren lassen, wie ich mehrfach nachgewiesen habe, durch die Mischung der Florenelemente erkennen, dass die Charakterunterschiede der jetztweltlichen Floren der Erde gegen die Tertiärzeit zu sich allmälig ausgleichen. In der Kreidezeit aber dürfte ein mehr gleichförmiges feuchtes und warmes Klima, das auf der ganzen Erde herrschte, den heutigen Florencharakter noch kaum zu den ersten Stadien der Entwicklung gebracht haben.

Tabelle zur Vergleichung der Kreideflora Australiens mit anderen fossilen Floren.

Kreideflora Australiens	Localität	Analogien aus der Kreideflora			Analogien aus anderen Kreidefloren und der Tertiärflora
		Europas	der arctischen Zone	Nordamerikas	
CRYPTOGAMAE.					
FILICES.					
Acrostichum primordiale . .	II				—
PHANEROGAMAE.					
GYMNOSPERMAE.					
CUPRESSINEAE.					
Thuites Wilkinsoni	II	*Th. Hoheneggeri*	*Th. Hoheneggeri*		—
Glyptostrobus australis	I		*G. groenlandicus* Heer	—	—
ABIETINEAE.					
Aulacolepis rhomboidalis	III	—	—		—
ANGIOSPERMAE.					
MONOCOTYLEDONES.					
Cyperacites ambiguus	VII		*C. hyperboreus* Heer	—	—
Zosterites angustifolius	I		—	—	*Zostera Ungeri,* Tertiärflora Europas.
Palmae sp. indeterm.	I—III, V	—	—	—	—
DICOTYLEDONES.					
APETALAE.					
CERATOPHYLLEAE.					
Ceratophyllum australe	III				*C. tertiarium,* Tertiärfl. Europas.
CASUARINEAE.					
Casuarina primaeva	I, VII	*C. Kingei* H. et M. sp.	—		*C. cretacea,* Kreidefl. Neuseelands.
MYRICACEAE.					
Myrica pseudo-lignitum	I, IV	*M. primaeva* H. et M.	*M. thulensis* Heer	—	*M. lignitum* Ung., Tertiärfl. Europas.
Myricophyllum longepetiolatum . .	VII		—	—	—

Kreideflora Australiens	Localität	Analogien aus der Kreideflora			Analogien aus anderen Kreidefloren und der Tertiärflora
		Europas	Der arctischen Zone	Nordamerikas	
CUPULIFERAE.					
Dryophyllum Lesquereuxi	I	–	–	D. primordiale Lesq.	D. nelsonianum, Kreidefl. Neuseelands.
Quercus pseudo-chlorophylla ...	III			–	Q. pachyphylla, Kreidefl. Neuseelands.
Quercus nelsonica	III	Q. Beyrichii / Q.westfalicaH.et M.	Q.denticulataHeer	Q. Ellsworthiana Lesq.	Q. nelsonica, Kreidefl. Neuseelands.
Quercus Stokesii	III	–	–	Q. Morrisoniana Lesq.	–
Quercus eucalyptoides	II, VII	–	Q. Myrtillus Heer	–	Q. Austini, Tertiärfl. Australiens.
Quercus rosmarinifolia	III	–	–	–	–
Quercus colpophylla	III, V	Q.hieracifoliaH.etM.	–	Q. hexagona Lesq.	Q. calliprinoides, Kreidefl. Neuseelands.
Fagus leptoneura	III	F. prisca	–	–	F. nelsonica, Kreidefl. Neuseelands.
Fagus prae-ulmifolia ...	IV, V	–	–	–	F. ulmifolia, Tertiärfl. Neuseelands.
Fagus prae-ninnissiana	III, IV, VI	–	–	F. proto-nucifera Daw.	F. ninnisiana, Tertiärfl. Neuseelands.
MOREAE.					
Ficus Ipsvichiana	IV	–	–	F. halliana Lesq.	F. populina Heer, Tertiärfl. Europas.
ARTOCARPEAE.					
Artocarpidium pseudo-cretaceum	IV	A. cretaceum / A.undulatumH.etM.			
MONIMIACEAE.					
Monimia prae-vestita	I, III		–	–	M. vestita, Tertiärfl. Australiens.
LAURINEAE.					
Cinnamomum Haastii	IV	C. sp. Böhm. Kreide	C. sp. Atane u. Patoot	C. Heerii Lesq.	C. Haastii, Kreidefl. Neuseelands.
Cinnamomum primigenium	I, IV	C. primigenium / C.cuneiformeH.etM.	C. sezannense Wat.		C. sezannense / C. Woodwardii Tertifl.
Dicmenia lancifolia	I	D. affinis H. et M. sp.	–		D. speciosa, Tertiärfl. Australiens.
Laurus plutonina	IV	L. plutonia Heer	L. plutonia Heer		L. australiensis, Tertiärfl. Australiens.
PROTEACEAE.					
Proteoides australiensis	VII			P. acuta Heer	–
Conospermites linearifolius	VII	C. hakeaefolius			–
Grevillea oxleyana	VII	C. constans Vel.	–		G. proxima, Tertiärfl. Australiens.
Rhopalophyllum australe	I, IV	Rh. primaevum	–		Rh.acuminatumUng sp., Tertiärfl. Europas.
Banksia cretacea	VII	B. prototypa	–		B. haeringiana, Tertiärfl. Europas.
Banksia sublongifolia	VII	–	–		B. longifolia, Tertiärfl. Europas.
Banksia plagioneura	VII	B. leiophylla H. et M.	–		B. Haslamii, Tertiärfl. Australiens.
Banksia crenata	II	B.haldenianaH.etM.			B. Horelli, Tertiärfl. Australiens.
GAMOPETALAE.					
APOCYNACEAE.					
Apocynophyllum Warraghianum	IV	A. cretaceum	A.longum Heer sp.	–	–
EBENACEAE.					
Diospyros cretacea	IV, VII	D. provecta Vel.	D.prodromusHeer	D. vancouvcrensis D.	
ERICACEAE.					
Andromeda australiensis	II	–	A. Partatorii Heer	A. Partatorii	

DIALYPETALAE.

ARALIACEAE.

Aralia subformosa	I	*A. formosa* Heer

SAXIFRAGACEAE.

Ceratopetalum primigenium . . .	IV	—

RANUNCULACEAE.

Debeya australiensis	I, III, IV	¡ *D. serrata* Miq.	*D. insignis* H. et M
		D. insignis H. et M.	
Debeya affinis	III, IV	—	—

TILIACEAE.

Etheridgea subglobosa	IV, VII	—

MALPIGHIACEAE.

Malpighiastrum cretaceum .	IV	—	—
Banisteriophyllum cretaceum	IV		

CELASTRINEAE.

Elaeodendron priscum	III	

MYRTACEAE.

Eucalyptus cretacea . .	IV, VII	*E. Geinitzii* Heer	*E. Geinitzii*
Eucalyptus Davidsoni	II	*E. haldemiana* Deb.	
Eucalyptus oxleyana	I	—	
Eucalyptus scoliophylla . . .	I, IV	—	—
Eucalyptus Warraghiana	IV	*E. angusta* Vel.	
Myriophyllum latifolium . . .	I	—	*M. parvulum* Heer

LEGUMINOSAE.

Podalyriophyllum brochidodromum	VII	—	—
Cassia Etheridgei	II	*C. angusta* Heer	*C. angusta*
Cassia poae-memnonia	II, IV		
Cassia poae-phaseolitoides	IV		*C. Ettingshauseni* Heer
Leguminosites pachyphyllus . . .	II	—	—

Plantae incertae sedis.

Carpolithes siliculaeformis . . .	VII	. .	. .
Carpolithes semisulcatus	II	. .	. .
Carpolithes complanatus	II	. .	. .
Carpolithes jugiformis	VII	—	—
Phyllites actinonenron	I	—	—

Beschreibung der Arten.

CRYPTOGAMAE.

FILICES.

Acrostichum primordiale sp. n.

Taf. I, Fig. 1.

A. fronde rigide coriacea, simplici, oblonga integerrima: nervatione Neuropteridis acrostichaceae, nervo primario valido planiusculo, nervis secundariis tenuibus distinctis, sub angulis 25—30° orientibus, furcatis vel dichotomis, ramis ramulisque divergenti-curvatis, crebris, tenuissimis, craspedodromis: sporangiis glomeratis, frondis faciem inferiorem obtegentibus.

Fundort: Strasseneinschnitt bei Oxley, nahe dem Flusse (Loc. II).

Es liegt nur ein kleines Bruchstück des Wedels vor, an dem sich aber die folgenden Merkmale deutlich entnehmen lassen, welche über die Gattung mit einiger Sicherheit Aufschluss geben. Die Textur des Wedels ist auffallend derb, wie dies vielen *Acrostichum*-Arten vom Typus der Abtheilung *Elaphoglossum*: *A. Lingua, A. scalpellum, A. latifolium, A. viscosum* u. A. (siehe Ett. Farnkräuter der Jetztwelt, Taf. 1—4) zukommt. Am Abdrucke bemerkt man dicht aneinanderstossende kleine Grübchen (s. die Vergrösserung Fig. 1 a), welche den Fruchthäufchen entsprechen, die bei *Acrostichum* die ganze untere Fläche des Wedels bedecken. Ebenso stimmt auch die Nervation mit der von Arten dieser Gattung überein, insbesondere mit jener, bei welcher die einander genäherten Secundärnerven unter sehr spitzen Winkeln entspringen, um dann mit ihren Ästen und Ästchen in starkem Bogen gegen den Rand hin zu divergiren, in welchen sie einlaufen. (Vergl. *A. rubicundum* l. c. Taf. 3, Fig. 2.) Über die Form des Wedels lässt sich aus dem Fragmente nichts mit Sicherheit sagen, doch ist es der angegebenen Analogie nach wahrscheinlich, dass dieselbe einfach und länglich war. Die entsprechenden jetztlebenden Arten deuten auf ein tropisches Klima.

Wir haben noch auf Ähnlichkeiten hinzuweisen, welche bezüglich der Bestimmung dieses Fossils in Betracht kommen können, deren Ausschliessung jedoch im Folgenden begründet wird. Manche Bryozoen (z. B. Blätterrinden) zeigen in ihren flachen Colonien eine solche Anordnung der Individuen, dass man bei oberflächlicher Betrachtung derselben einen blattartigen Pflanzentheil vor sich zu haben meint. Die erwähnten kleinen Grübchen würden bei dieser Deutung den Zellen des Stockes entsprechen. Eine genauere Untersuchung, insbesondere die Vergleichung unseres Fossils mit den sehr ähnlichen Wedeln der genannten Farnarten, der Primärnerv mit den deutlich von denselben entspringenden feinen Secundärnerven, deren Verzweigung und Richtung, die Reste einer Fructification u. s. w. lassen aber eine solche Deutung nicht zu.

Es kann sich sonach hier nur um einen Pflanzenrest, und zwar aus der Ordnung der *Filices* handeln. Ausser den oben hervorgehobenen Ähnlichkeiten wären noch solche mit *Neuropteris*-Nervation aus den Gattungen *Polypodium, Gymnogramme, Adiantum, Pteris, Blechnum, Lomaria, Asplenium* und *Helminthostachys* zu erwähnen, wobei ich auf mein oben citirtes Werk hinweise. Von den hier in Betracht zu ziehenden Arten weichen jedoch ab: *Polypodium tenellum* Forst. l. c. Taf. 22, Fig. 11, in der zarten Textur, den kleinen schmalen Fiedern und den entfernt stehenden Secundärnerven; *Gymnogramme javanica* l. c., Taf. 37, Fig. 8, in den gegen den Rand zu convergirend bogigen Secundärnerven; *Gymnogramme trifoliata* Desv. l. c., Taf. 40, Fig. 10, durch die viel schmäleren Fieder; *Adiantum lucidum* Sw. l. c., Taf. 42, Fig. 12, in dem nur an der Basis ausgeprägten Primärnerven, wodurch die Nervation mehr dem Typus von *Cyclopteris* entspricht; *Pteris hastata* Sw. l. c., Taf. 52, Fig. 8, durch die Form der Fieder; *P. longifolia* L. l. c., Taf. 54, Fig. 1 und Taf. 57, Fig. 1—3, durch die zartere Textur und die schmalen Fieder; *Blechnum occidentale* L. l. c., Taf. 68, Fig. 5 und Taf. 74, Fig. 8, 9 und *B. caudatum* Cav. l. c., Taf. 74, Fig. 1, durch die schmalen

Fiederabschnitte: *B. Lanceola* Sw. l. c., Taf. 71, Fig. 10, durch die zartere Textur; *Lomatia obtusifolia* Presl l. c., Taf. 74, Fig. 10 und Taf. 75, Fig. 1, *L. capensis* Willd. l. c., Taf. 77, Fig. 10 und *L. elongata* Blume l. c., Taf. 77, Fig. 6, durch die schmalen Fieder: *Asplenium longissimum* Blume l. c., Taf. 79, Fig. 8, durch dasselbe Merkmal und den gezähnten Rand: *A. Phyllitidis* Don. l. c., Taf. 80, Fig. 13, welches wegen des einfachen Wedels und der lederartigen Textur desselben dem Fossil näher kommt, durch die nur am Ursprunge divergirende Richtung der Secundärnerven; *Helminthostachys zeylanica* Hook. l. c., Taf. 179, Fig. 8, welche in der Breite und Nervation dem Fossil am meisten entsprechen würde, durch die sehr zarte Textur des doppelt gefiederten Wedels.

Endlich könnte noch hier die fossile Farngattung *Glossopteris* in Betracht kommen, muss aber nach den oben beschriebenen Merkmalen ausgeschlossen werden.

Aus diesen Vergleichungen folgt, dass die Analogien der Gattung *Acrostichum* bei der Bestimmung des beschriebenen Fossilrestes am ersten zu berücksichtigen sind.

PHANEROGAMAE.
GYMNOSPERMAE.
CONIFERAE.

Thuites Wilkinsoni sp. n.
Taf. 1, Fig. 7—9.

Th. ramulis complanatis vel subcylindricis articulatis, tenuiter striatis, tuberculis minutis irregulariter dispositis obsitis: seminibus planis rotundato-quadrangularibus, apteris.

Fundort: Strasseneinschnitt bei Oxley nahe dem Flusse (Loc. II).

Die in Fig. 8 und 9 abgebildeten Fossilreste stellen gegliederte Ästchen dar, welche einer Cupressinee angehört haben. Beide sind, soweit sie im Gesteine zu verfolgen waren, grösstentheils einfach. Das eine Fossil, Fig. 8, erreicht eine Länge von mindestens 132 *mm*. Am oberen Ende bemerkt man ein dünnes Ästchen, welches von der Spindel unter dem Winkel von 20° abzweigt. Eine ebensolche Abzweigung ist an einem minder gut erhaltenen, hier nicht abgebildeten Stücke wahrnehmbar. Die durch kleine Knoten abgegrenzten Glieder sind weniger cylindrisch als vielmehr etwas flach oder zusammengedrückt gewesen, was die weniger tiefen als breiten Eindrücke anzeigen, welche sie am Gesteine hinterliessen. Die Länge der Glieder schwankt zwischen 6—27 *mm*. Dieselben sind wenig und unregelmässig hin- und hergebogen. Auch in der Länge der Glieder herrscht keine Regelmässigkeit. Die Oberfläche derselben erscheint von 2—3 stärkeren und mehreren sehr feinen Längsstreifen durchzogen: zugleich bemerkt man an derselben sehr kleine Höckerchen, die keine regelmässige Anordnung haben. An den Knoten sind kleine rundliche Eindrücke, die nach oben schärfer als nach unten begrenzt erscheinen, wahrnehmbar, welche man wohl als von dicken, schuppenförmigen Blättern herrührend betrachten kann. Es scheinen zwei bis drei solcher Blätter an einem Gelenke zu stehen. Die Erhaltung desselben ist jedoch zu mangelhaft, um über seine Eigenschaften etwas Genaueres entnehmen zu können.

Was die Bestimmung dieser Fossilien betrifft, so unterliegt selbe keinen grossen Schwierigkeiten, da wenigstens in Bezug auf die Vergleichung mit schon bekannten Pflanzenfossilien genügend sichere Anhaltspunkte gegeben sind. Die für die Kreideflora bezeichnenden Reste von *Thuites Hoheneggeri* Ett., welche aus den Wernsdorfer Schichten zuerst zum Vorschein kamen und später von O. Heer für die Kreideflora der arctischen Zone nachgewiesen worden sind, kommen hier allein in Betracht. Die beschriebenen Reste von Oxley entsprechen in auffallender Weise den verlängerten Ästchen der von mir in den Abhandlungen der Geologischen Reichsanstalt Bd. I, Taf. I und von Schenk, in »Pflanzen der Wernsdorfer Schichten«, Taf. 4—7, abgebildeten Exemplare. Die schuppenförmigen Blätter an den Knoten sind bei den Zweigresten von Murk in der Regel sehr deutlich erhalten, während sie an den Exemplaren aus den Komeschichten nicht erkennbar sind. Letztere gehörten älteren Zweigen an, von welchen die Schuppen schon abgefallen waren.

An den australischen Zweigfossilien sind diese wohl noch angedeutet. Die dünneren Seitenästchen der Zweige aus den Wernsdorfer Schichten sind ebenso schwach hin- und hergebogen und ihre Glieder von stärkeren und feineren Streifen durchzogen. Die feinen Höckerchen aber, welche die letzteren bilden und daher eine sehr regelmässige Anordnung zeigen, vermissen wir an der australischen Pflanze. Diese ist sonach von *Thuites Hoheneggeri* nur durch die grösseren Höckerchen und ihre unregelmässige Anordnung und vielleicht auch durch die mehr verlängerten Zweigchen verschieden.

Ausser der obigen sehr wahrscheinlichen Deutung können den beschriebenen Fossilresten noch andere Deutungen gegeben werden, welche wir der besseren Begründung der gewählten Bestimmung wegen nicht übergehen wollen. Knotig gegliederte, an den Gliedern gestreifte und an den Knoten mit Schuppen besetzte Äste und Ästchen sehen wir auch an Casuarinen; es könnten somit diese Reste zu der in Australien heute noch verbreiteten Gattung *Casuarina* gehören. Wer aber diese Gewächse kennt, wird eine solche Vergleichung nicht richtig finden. Die *Casuarina*-Ästchen verlaufen nicht hin- und hergebogen, sondern vollkommen gerade. Auch fehlt denselben der beschriebene Überzug von Höckerchen; endlich sind die Streifen der Glieder gleichförmig und nicht ungleich wie bei unseren Fossilien. Wir fanden übrigens unter den australischen Pflanzenfossilien auch *Casuarina*-Reste; diese sehen jedoch ganz anders aus und wir werden solche im Folgenden beschreiben.

Neben dem Zweigchen, Fig. 9, auf demselben Gesteinsstücke liegt der Same, Fig. 7. Derselbe ist flach rundlich-viereckig, glatt, flügellos und kann als ein Cupressineen-Same gedeutet werden. Bei *Frenela* kommen stets geflügelte, bei *Thuia* hingegen auch ungeflügelte Samen vor. Ich glaube daher gut zu thun, wenn ich diesen Samen mit den Zweigchen, die ohnehin weit besser zu *Thuia* als zu *Frenela* passen, vereinige, die Umänderung aber, welche Schenk der früheren Bezeichnung *Thuites Hoheneggeri* durch den Namen *Frenelopsis* Hr. zu Theil werden liess, in die Synonymie verweise.

Glyptostrobus australis sp. n.

G. foliis ramulorum squamaeformibus, adpressis, ovalis, apice acutis; seminibus angulatis, nucleo ovato vix curvato basi in foeniculum dilatum contracto.

Fundorte: Oxley Road, nächst der Bahnstation Oxley (Loc. I); Eisenbahneinschnitt nördlich von der Oxley-Station (Loc. III).

Es sind an der Localität I ein kleines Bruchstück eines Zweigchens und zwei Samen, ferner an der Localität III Trümmer von Zweigchen dieser Art zum Vorschein gekommen. Das erstere zeigt an der Spitze eine kleine geöffnete Knospe und ein Ästchen als den Träger derselben, von welchem aber nur ein sehr kleines Bruchstück vorliegt. Man kann an diesem, sowie an den Zweigchentrümmern aus der Localität III einige der schuppenförmigen, eirunden, spitzen, angedrückten Blätter erkennen. Der Same, Fig. 11, zeigt einen länglich eiförmigen Körper, von dem etwas seitlich und asymmetrisch ein dünnhäutiger Flügel abgeht. Es entspricht dies einem Samen von *Glyptostrobus*, wie ihn Fig. 67 auf Taf. 1 der «fossilen Flora von Schönegg». Denkschriften 57. Bd. darstellt; nur ist der Samenkörper kaum gekrümmt. Dass diese Reste von Oxley Road wirklich zu *Glyptostrobus* zu stellen sind, erscheint mir sehr wahrscheinlich, ebenso dass dieselben einer besonderen Art angehören, obgleich bei der Unvollständigkeit der Objecte ein Unterschied von den verwandten *G. gracillimus* Lesq., dessen Same noch unbekannt, *G. groenlandicus* Heer, dessen Same noch ungenügend bekannt ist und von *G. europaeus* sich nicht begründen liess.

AULACOLEPIS gen. n.

Squamae rigide coriaceae, ovato-rhomboideae, apice acutae, inermes, dorso longitudinaliter costatae.

Aulacolepis rhomboidalis sp. n.

A. squamarum marginibus apice angulum 40°, basi 60° formantibus; costis 3—5 valde prominentibus lateribus.

Fundort: Eisenbahneinschnitt, nördlich von der Station Oxley (Loc. III).

Der vorliegende Abdruck stammt zweifelsohne von einer Zapfenschuppe her, welche bei genauerer Untersuchung sich am meisten einer solchen von *Cyparissidium* ähnlich erweiset. Bei dieser nur in den Komeschichten der grönländischen Kreideformation aufgefundenen Coniferen-Gattung kommen lederartige, rundliche, mit einer Stachelspitze endigende, beiläufig 12 *mm* breite und 8 *mm* hohe Schuppen vor, die am Rücken von mehreren runzeligen Längsrippen durchzogen sind und deren Ränder sich an der Spitze unter 50- 60° und an der Basis unter 60- 70° schneiden. Die Zapfenschuppe, welche aus der Localität III zum Vorschein kam, unterscheidet sich von ersteren nur durch ihre noch derbere Beschaffenheit, durch die eirhombische Form, deren Ränder an der wehrlosen Spitze 40°, an der Basis 60° einschliessen und durch die geringere Zahl der breiten und stark hervortretenden Längsrippen, deren Abdruck vollkommen glatt ist. Durch die genannten Eigenschaften ist wohl die Verwandtschaft der Gattungen, aber auch ihre Verschiedenheit hinlänglich ausgesprochen.

ANGIOSPERMAE.

MONOCOTYLEDONES.

Cyperacites ambiguus sp. n.

Taf. I. Fig. 3.

C. foliis circa 4 mm latis, medio carinatis, nervis lateralibus inaequalibus.

Fundort: Eisenbahneinschnitt zwischen der Warragh- und Oxley-Station (Loc. VII).

Dass das kleine Blattfragment in Fig. 3, und vergrössert dargestellt in Fig. 3 a, von einer Cyperacee herrührt, dürfte einige Wahrscheinlichkeit für sich haben. Das Blatt hatte eine ziemlich tiefe Mittelfurche, welche auf der Rückseite als scharfe Kante hervortrat. Jederseits derselben sind mehrere ungleich feine, zum Theile verwischte Längsnerven vorhanden. In den Komeschichten der Kreideformation Grönlands kommen ähnliche Cyperaceen-Reste vor, welche Heer unter den Bezeichnungen *Cyperites hyperboreus* und *C. arcticus* beschrieben und in der »Kreideflora der arctischen Zone«, Flora foss. arct. III. Bd., Taf. 12, Fig. 4 b, Taf. 24, Fig. 4, abgebildet hat. Unser Fossil gehört aber einer besonderen Art an, welche sich von beiden genannten durch ein schmäleres Blatt und die zahlreicheren, ungleich feinen Seitennerven unterscheidet. Wegen der grösseren Zahl der letzteren und der Tracht des Blattes überhaupt steht unsere Art dem *C. hyperboreus* näher.

Zosterites angustifolius sp. n.

Taf. I, Fig. 2.

Z. foliis anguste linearibus, circa 2 mm latis, nervis parallelis pluribus tenuissimis, vix conspicuis.

Fundort: Oxley Road, nächst der Bahnstation Oxley (Loc. I).

Ein Fragment eines Blattes einer Monocotylen-Pflanze, welches am meisten zu den fossilen Zostera-Blättern passt und besonders der *var. angustifolia* von *Zostera Ungeri* Ett. aus der fossilen Flora von Sagor, Denkschriften, 32. Bd., Taf. 3, Fig. 6—17, zu entsprechen scheint. Das Blatt ist, dem Abdrucke nach zu schliessen, von weicher, zarter Textur gewesen, wie solche bei verschiedenen Wasserpflanzen der Monocotyledonen vorkommen. In seiner Schmalheit und den feinen Parallelnerven (siehe die Vergrösserung Fig. 2 a), die es durchziehen, gleicht es fast ganz dem Blatte Fig. 9, l. c., so dass man geneigt sein könnte, die Identität der Art anzunehmen. Es sind jedoch vollständiger erhaltene Reste abzuwarten, um eine genauere Bestimmung dieser fossilen Pflanze möglich zu machen.

Palmae sp. indeterm.

Es sind aus den Localitäten I- V fossile Pflanzenreste, welche mit grösserer oder geringerer Wahrscheinlichkeit als Palmen angehörig bezeichnet werden können, gesammelt worden. Die Mehrzahl derselben besteht aus 7—15 *mm* breiten, etwas flach gedrückten und von feinen Parallelstreifen durchzogenen Stücken von verschiedener Länge, ohne Spur einer Gliederung. Ihrem Aussehen nach gehören diese Reste jedenfalls zu Monocotylen-Pflanzen und sind Bruchstücke von Blattstielen derselben. Da dieselben auch eine steife, harte Consistenz verrathen, so dürften sie die Träger grosser Blätter gewesen sein, wie solche den Palmen zukommen. Die Vergleichung mit den Blattstielen fossiler Palmen aus den europäischen Tertiärschichten spricht ganz und gar für diese Ansicht. Ausserdem kam aus der Localität I ein die Merkmale eines Monocotylenblattes an sich tragender Blattfetzen zum Vorschein, der immerhin zur Lamina eines Palmenblattes gehören kann. Auch liegt er neben einem Blattstielfragmente, das ich mit den übrigen solchen Resten für einen Palmenblattstiel halte. Erwähnenswerth ist hier noch ein nicht näher bestimmbarer ellipsoidischer Fruchtrest, gesammelt an der Fundstelle nächst Oxley Creek (Localität V), welcher möglicherweise von einer Palme herrühren kann. Selbstverständlich kann von einer Gattungsbestimmung so lange nicht die Rede sein, bis vollständigere Reste hiezu vorliegen.

DICOTYLEDONES.

APETALAE.

CERATOPHYLLEAE.

Ceratophyllum australe sp. n.

Taf. 1, Fig. 14, 15.

C. caulibus ramisque nodoso-articulatis, fructibus nuceis ovoideis, compressis laevibus, ala angusta coriacea divaricatim tricuspidata cinctis.

Fundort: Eisenbahneinschnitt nördlich der Oxley-Station (Loc. III).

Wie in den Tertiärschichten von Schönegg bei Wies und Leoben, kommen hier Querbrüche der Stengelknoten einer *Ceratophyllum*-Art vor. Die Abbildung solcher, Fig. 14 und, vergrössert Fig. 14*a*, stimmt mit Fig. 7 und 9, Taf. 3 der »fossilen Flora von Schönegg«, Denkschriften, 57. Bd., am besten überein, worauf ich, um Wiederholungen zu vermeiden, verweisen mu-s. Mit den Resten der Stengelknoten kommen an der Localität III auch die Früchte von *Ceratophyllum* vor. Fig. 15 stellt eine solche Frucht dar. Dieselbe ist grösser als die der gewöhnlichen lebenden *Ceratophyllum*-Arten, stimmt aber in der Form und Tracht im Allgemeinen mit denselben überein. Sie ist nussartig, fast dreieckig, eiförmig, etwas zusammengedrückt, an der Oberfläche glatt, am Rande von einem schmalen, lederartigen Flügel umgeben, welcher an den Ecken des Fruchtkörpers drei stumpfliche Zipfel bildet.

Die bis jetzt bekannt gewordenen 11 lebenden Arten vertheilen sich auf Centralamerika, Südamerika, Nordamerika, Europa, Ostindien und das tropische Afrika. Es ist schon hieraus als wahrscheinlich anzunehmen, dass die Verbreitung der fossilen *Ceratophyllum*-Arten eine entsprechend grosse war.

CASUARINEAE.

Casuarina primaeva sp. n.

Taf. 1, Fig. 16—20.

sich von letzteren nur Bruchstücke der unteren dickeren Theile von Ästchen gefunden, während in der australischen Kreide ausser solchen auch die zarten, mit Scheiden besetzten Ästchen vorliegen, so dass über die Richtigkeit der Bestimmung kein Zweifel obwalten kann. Die *Casuarina* der australischen Kreide dürfte wohl mit der *C. Kookii* m. des australischen Tertiärs in genetische Verbindung zu bringen sein.

MYRICEAE.

Myrica pseudo-lignitum sp. n.

Taf. I. Fig. 4, 5.

M. foliis coriaceis petiolatis lanceolatis crenato-dentatis, sinubus acutissimis; nervo primario recto, prominente, apicem versus attenuato, nervis secundariis tenuissimis, sub angulis 70—80° orientibus, superioribus craspedodromis, inferioribus camptodromis; nervis tertiariis angulo subrecto egredientibus, abbreviatis; rete inconspicuo.

Fundorte: Oxley Road, nächst der Station Oxley (Loc. I); Ipswich Road, gegenüber der Station Warragh (Loc. IV).

Die auf Taf. I in Fig. 4 und 5 abgebildeten Blattfossilien zeigen eine so grosse Ähnlichkeit mit den Blattresten der *Myrica lignitum* Ung., welche mir aus den Tertiärlagerstätten von Parschlugg und Schönegg in Steiermark in grösster Auswahl vorliegen, dass ich erstere ohne Bedenken zu *Myrica* stelle. Der starke Eindruck, den das Fossil, Fig. 4, welches den Basaltheil des Blattes darstellt, im Gesteine bewirkte, lässt auf eine derbe, lederartige Textur schliessen, wie eine solche auch die Blätter der genannten *Myrica*-Art deutlich zu erkennen geben. Dasselbe Fossil zeigt einen dicken Blattstiel, an dem die Lamina als ein schmaler Flügel sich herabzieht, was der Form *alata* der *M. lignitum* entspricht. Da der Stiel abgebrochen ist, bleibt die wahre Länge unbestimmt; es hat aber den Anschein, dass derselbe keineswegs kurz war. Die Lamina kann, nach den vorliegenden Fragmenten ergänzt, als lanzettförmig bezeichnet werden. Sehr charakteristisch ist die Zahnung des Randes bei Fig. 5. Die Zähne sind nach vorne gekehrt und daselbst an ihren Enden spitzlich, nach aussen aber wie Kerben abgerundet. Die Buchten zwischen den Zähnen sind auffallend spitz. (Man vergleiche die Übereinstimmung dieser Zahnung mit der von *Myrica lignitum*, Taf. I, Fig. 6.) Nach diesen Eigenschaften könnte man die beschriebenen Blattfossilien zur vierten und achten Gruppe der Typen von *M. lignitum* (S. Ett. und Standfest. Denkschriften, Bd. 54, S. 257) stellen. Fig. 5 würde zwischen den Formen *argute serrata*, Taf. 2, Fig. 25 und *crenata* l. c., Fig. 26, Platz finden. Die Nervation ist combinirt bogen-randläufig. Der Primärnerv tritt im unteren Theile der Lamina kräftig hervor, verfeinert sich aber nach geradem Verlaufe gegen die Spitze zu beträchtlich, wie bei *M. lignitum*. Die Secundärnerven aber sind sehr fein und entspringen unter sehr wenig spitzem oder nahezu rechtem Winkel. Die unteren sind bogen-, die oberen randläufig; die letzteren endigen einfach oder gabelig getheilt sowohl in den Zahnspitzen als auch in den dazwischen liegenden Buchten. Die letzteren Merkmale unterscheiden die *M. pseudo-lignitum* von der *M. lignitum*. Wieder eine auffallende Übereinstimmung ersterer mit letzterer liegt in der feinkörnigen Beschaffenheit der Blattoberfläche, hervorgerufen durch ein Trichomgebilde. An dem Fossil Fig. 5, vergrössert Fig. 5a von der Localität I, treten die gleichförmig feinen Körnchen den ungleichen Körnchen der Gesteinsmasse gegenüber hinreichend deutlich hervor und gewähren unter der Loupe denselben Anblick wie bei den gewöhnlichen Blattabdrücken der *M. lignitum*. An ausgezeichnet erhaltenen Blättern der letzteren aber sah ich die punktförmigen Drüsenorgane deutlich, durch deren gedrängte Stellung jene körnige Structur bewirkt wird, oft aber die Grübchen, in welchen diese liegen. An dem Bruchstücke Fig. 4, vergrössert Fig. 4a, von der Localität IV, konnte man an einigen Stellen solche punktförmige Grübchen deutlich wahrnehmen.

Von den übrigen bis jetzt beschriebenen fossilen *Myrica*-Arten ist *M. thulensis* Heer aus den Atane-Schichten der Kreideformation Grönlands zu erwähnen, da dieselbe eine ähnliche Blattform und Randzahnung aufweiset. Die Nervation derselben weicht jedoch ab durch die von einander entfernt stehenden, unter spitzeren Winkeln entspringenden Secundärnerven. *Myrica primaeva* Hos. et v. d. Marck aus der westfälischen Kreide, zwar durch die stärker entwickelten Secundärnerven abweichend, kann nach den übrigen

Eigenschaften doch als analoge Art bezeichnet werden. Auch in der Kreideformation von Quedlinburg und in der Nordamerikas sind *Myrica*-Reste gefunden worden, die jedoch hier wegen ihrer noch mehr abweichenden Eigenschaften nicht in Betracht kommen.

Obgleich die Übereinstimmung der beschriebenen australischen *Myrica* mit der *M. lignitum*, wie aus dem Vorhergehenden zu entnehmen, auffallend gross ist, so wage ich es doch nicht die Identität beider auszusprechen, da in der Nervation ein Unterschied sich herausgestellt hat.

Myricophyllum longepetiolatum sp. n.

Taf. 1, Fig. 29.

M. foliis coriaceis longe petiolatis, lineari-lanceolatis, basi angustatis, margine subintegerrimis; nervo primario recto, prominente, nervis secundariis tenuissimis, angulis acutis orientibus, vix conspicuis.

Fundort: Eisenbahneinschnitt zwischen den Stationen Warragh und Oxley (Loc. VII).

Ein kleines, schmales Blattfossil, welches eine lederartige Textur verräth. Der verhältnissmässig dünne Blattstiel erreicht die Länge von 11 *mm*. Die lineal-lanzettliche, 5 *mm* breite Lamina ist an der Basis verschmälert; der Rand bis auf die Andeutung eines Zahnes ganz; die Spitze des Blattes nicht erhalten. Von der Nervation bemerkt man nur den verhältnissmässig hervortretenden geraden Primärnerv und einige sehr feine, nur mittelst der Loupe erkennbare Secundärnerven, die unter spitzen Winkeln abgehen.

Nach den angegebenen Merkmalen scheint mir dieses Fossil am ersten den Myricaceen anzugehören, wofür besonders die Blattform und Nervation, soweit letztere erkennbar ist, sprechen. Doch konnten bei den angestellten Vergleichungen die folgenden Gattungen und Familien nicht unberücksichtigt bleiben. *Andromeda* musste wegen des langen Blattstieles (bei mehreren Arten), der Form, Textur und Nervation in die nächste Linie gestellt werden, insbesondere wegen der Ähnlichkeit in diesen Merkmalen mit *A. protogaea* Ung. Bei unserem Fossil haben wir aber kein vollkommen ganzrandiges Blatt. *Quercus* würde hier wegen der Textur, Form und Randbeschaffenheit der Lamina passen, nicht aber wegen des dünnen, langen Blattstieles und der äusserst zarten Secundärnerven. Aus dem gleichen Grunde müssten die Gattungen *Ilex*, *Banksia* und die schmalblätterigen Celastrineen abgelehnt werden. Wegen der Beschaffenheit des Randes und Blattstieles können die schmalblätterigen Myrtaceen, Sapotaceen, Apocynaceen und Laurineen hier nicht angenommen werden. *Grevillea, Persoonia* und *Santalum* sind eben deshalb und wegen der Nervation, *Salix* und *Olea* wegen des langen Blattstieles und der Nervation auszuschliessen.

CUPULIFERAE.

Dryophyllum Lesquereuxii sp. n.

Taf. 1, Fig. 30.

D. foliis coriaceis oblongis vel lanceolatis, grosse dentatis, sinubus obtusis; nervatione craspedodroma, nervo primario valido, recto; nervis secundariis prominentibus, sub angulis 70° orientibus, arcuatis; nervis tertiariis distinctis, e latere externo sub angulis acutis, e latere interno sub angulis obtusis egredientibus, flexuosis ramosisque, inter se anastomosantibus.

Fundort: Oxley-Road, nächst der Bahnstation Oxley (Loc. I).

Von dieser Art liegt zwar nur ein kleines Blattbruchstück vor; glücklicherweise können aber aus demselben so viele charakteristische Eigenschaften entnommen werden, dass die Gattungsbestimmung keinen Zweifel übrig lässt. Das Fragment verräth eine sehr derbe, lederartige Blattconsistenz; der wohlerhaltene Rand besitzt verhältnissmässig grosse zugespitzte Zähne, die durch eine stumpfwinkelige Bucht von einander getrennt sind. Von der Nervation haben sich wichtige Merkmale erhalten. Aus einem geraden, mächtig hervortretenden Primärnerven entspringen unter wenig spitzen Winkeln, in Distanzen von 5—7 *mm* scharf ausgeprägte Secundärnerven, welche in starkem Bogen in die Randzähne laufen. Die Tertiärnerven treten noch ziemlich scharf hervor, entspringen an der Aussenseite der Secundären unter wenig spitzen, an der Innenseite unter stumpfen Winkeln, sind stark geschlängelt, meist verästelt und anastomosiren unter einander. Ein quarternäres Netz ist vorhanden, jedoch nur undeutlich wahrnehmbar. Die Spuren desselben sind in der Vergrösserung der Nervation, Fig. 30*a*, angedeutet.

In Bezug auf die oben angegebenen Eigenschaften, namentlich der Nervation, kommt kein Fossil dem unseren näher als *Dryophyllum primordiale* Lesq. der Kreideformation von Nebrasca. Ich glaubte daher dasselbe der Gattung *Dryophyllum* einreihen zu sollen. welche, falls man ihr eine Selbständigkeit zuerkennt, mit *Quercus* in nächster genetischer Beziehung steht. Der einzige Unterschied besteht in der Randzahnung, indem bei unserem Fossil grössere, durch stumpfere Buchten getrennte Zähne vorkommen. Auch *Dryophyllum nelsonicum* m. der Kreideflora Neuseelands (Ett. l. c., Denkschr. LIII. Bd., Taf. 8, Fig. 11), dann *Quercus*-Arten der Eocänflora Australiens, wie *Q. drymejoides* m., *Q. Hartogi* m. haben sehr ähnliche Blätter, die jedoch theils durch die Nervation, theils durch die Randzahnung abweichen.

Quercus pseudo-chlorophylla sp. n.

Taf. II, Fig. 10.

Q. foliis rigide coriaceis, obovato-ellipticis, basi angustatis, margine integerrimis: nervatione camptodroma, nervo primario valido, recto, nervis secundariis sub angulis 60—70° oriculibus, approximatis, tenuibus, simplicibus: nervis tertiariis obsoletis.

Fundort: Eisenbahneinschnitt nördlich von der Station Oxley (Loc. III).

Das Blattfossil, Fig. 10, macht den Eindruck eines auffallend dicken, lederartigen Blattes, wie das der *Quercus chlorophylla* oder *Q. Daphnes*. Der vorliegende Theil der Lamina lässt sich zu einem verkehrt-eirunden bis elliptischen, nach der Basis verschmälerten Blatte ergänzen. Der Rand ist ungezähnt. Aus einem mächtigen, geraden Primärnerven entspringen unter wenig spitzen Winkeln feine, einander bis auf 5 *mm* genäherte Secundärnerven. Von den sehr feinen Tertiärnerven lassen sich wegen der ungünstigen Erhaltung des Fossils nur Spuren erkennen.

Wenn man die vorhandenen Merkmale und die Tracht dieses Fossils in's Auge fasst, so wird man vorzugsweise zur Annahme einer Eichenart geführt, welche der Form *chlorophylla* der *Quercus Palaeo-Ilex* m. am besten entsprechen dürfte. Es wäre jedoch wegen der Unvollständigkeit der Erhaltung des Restes allzu gewagt, die Identität der Species anzunehmen.

Eine sehr analoge, der Kreideformation Neuseelands angehörige Art ist *Quercus pachyphylla* m., welche aber durch einige Merkmale der Nervation von der beschriebenen abweicht.

Man könnte dieses Blattfossil auch den Sapotaceen oder Apocynaceen einreihen, doch mit geringerer Wahrscheinlichkeit: wenigstens lässt sich keine fossile Art angeben, die demselben bezüglich der Merkmale des Blattes näher kommen würde, als die erstgenannte Eichenart. Wir können aber schliesslich einen phylogenetischen Grund angeben, dass hier eine Eichenart anzunehmen sei. Die Tertiärflora Australiens enthält nämlich mit Sicherheit nachgewiesene Eichenarten (*Q. Wilkinsoni* m. und *Q. Greyi* m.), deren wohlerhaltene Blattfossilien denen der *Q. chlorophylla* am nächsten stehen. Wenn wir nun nach dem Ursprunge dieser Arten in der Kreideflora Australiens forschen, so müssen wir nach dem uns vorliegenden Materiale die *Q. pseudo-chlorophylla* als deren wahrscheinlichste Stammart annehmen.

Quercus nelsonica m.

Taf. I, Fig. 24.

Ettingsh., Beiträge z. Kenntn. d. foss. Flora Neuseelands, Denkschr. Bd. LIII, S. 182, Taf. VIII, Fig. 10.

Q. foliis petiolatis coriaceis, oblongo-ellipticis utrinque paullo angustatis, margine dentatis, nervatione craspedodroma, nervo primario valido crasso, nervis secundariis numerosis approximatis sub angulis 60—70° oriculibus leviter arcuatis simplicibus vel marginem versus furcatis; nervis tertiariis in latere externo secundariorum sub angulis acutis exeuntibus, tenuibus.

Fundort: Eisenbahneinschnitt nördlich von der Oxley-Station (Loc. III).

Das in Fig. 24 abgebildete Blattfossil passt in allen seinen Eigenschaften am besten zu dem als *Quercus nelsonica* beschriebenen der Kreideflora Neuseelands. An demselben liessen sich feine Tertiärnerven erkennen, welche von der Aussenseite der Secundärnerven unter spitzen Winkeln abgehen es. die Vergrösserung Fig. 21a), während an dem Exemplare aus den Schichten von Wengapeka diese Nerven nicht erhalten sind, so dass die Diagnose der Art eine Ergänzung erfahren konnte. In Bezug auf die übrigen Eigenschaften und die Artverwandtschaft derselben verweise ich auf das schon a. a. O. Gesagte.

In phylogenetischer Hinsicht können die Beziehungen der ähnlichen *Quercus Darwinii* m., *Q. Hartogi* m. und *Q. bapalomenra* m. aus der Tertiärflora Australiens zur beschriebenen Kreideart als deren wahrscheinliche Stammart geltend gemacht werden.

Quercus Stokesii sp. n.

Taf. I, Fig. 21.

Q. foliis coriaceis oblongis vel obovato-ellipticis, integerrimis; nervatione brochidodroma; nervo primario firmo prominente recto, vix attenuato; nervis secundariis sub angulis 40–50° orientibus, prominentibus, inferioribus simplicibus, mediis et superioribus furcatis arcuatim inter se conjunctis; nervis tertiariis in latere externo sub angulis acutis, in latere interno sub angulis obtusis egredientibus, tenuibus, inter se conjunctis; rete microsynammato, maculis rotundatis.

Fundort: Eisenbahneinschnitt nördlich von der Station Oxley (Loc. III).

Das Blattfossil Fig. 21 verräth eine lederartige Textur und lässt sich zu einer länglichen oder verkehrteiförmig-elliptischen Lamina ergänzen. Der Rand ist ungezähnt; die schlingläufige Nervation zeigt einen stark hervortretenden, geraden Primärnerven, der an dem erhaltenen grossen Theile der Lamina kaum eine Verschmälerung erfährt und scharf hervortretende, unter vorherrschend stärker spitzen Winkeln entspringende, etwas ungleich verlaufende Secundärnerven entsendet, welche gegen die Basis zu 5 mm, in der Mitte und am oberen Theile der Lamina aber 10–14 mm von einander abstehen und daselbst gegen den Rand zu Schlingen bilden. Die Tertiärnerven sind sehr fein und entspringen von der Aussenseite der secundären unter spitzen, von der Innenseite unter stumpfen Winkeln. An einigen Stellen ist ein sehr feines, nur mittelst der Loupe erkennbares rundmaschiges Netz, ähnlich dem vieler immergrünen Eichen, deutlich vorhanden. S. die Vergrösserung der Nervation, Fig. 21a.

An der Eichennatur dieses Blattfossils kann schon nach den beschriebenen Merkmalen kaum gezweifelt werden. Dieselbe tritt jedoch mehr durch die Tracht hervor bei dem Vergleiche mit anderen lorbeerähnlichen Eichenblättern. Als solche sind vor allem zu nennen die Blätter von *Quercus Morrisoniana* Lesq. (Report of the U. S. Geological Survey, VIII. Bd., S. 40, Taf. 17, Fig. 1, 2) und von *Q. Palaeo-Ilex* m. forma *tephrodes*. Die ersteren, aus den Schichten der Dakota Group nächst Morrison in Colorado zum Vorscheine gekommenen Blätter unterscheiden sich von unserem Blattfossil nur durch die zahlreicheren, etwas mehr genäherten, unter stumpferen Winkeln abgehenden Secundärnerven und die der Form *tephrodes* (Ett. Beitr. z. Kenntn. d. Tertiärflora von Java, Sitzungsber. 87. Bd., Taf. 1, Fig. 1) hauptsächlich nur durch die rechtwinkelig eingefügten Tertiärnerven.

Von den Blättern lebender Eichen zeigen die der nordamerikanischen *Quercus virens* Ait. forma *oloides* (Ett. Blattskel. d. Apetalen, Denkschriften, XV. Bd., Taf. 9, Fig. 8) die meiste Übereinstimmung. Hier finden wir auch das beschriebene feine, aus äusserst kleinen, rundlichen Maschen zusammengesetzte Netz wieder.

Die *Quercus Hookeri* m. (Tertiärflora Australiens I. Denkschriften XLVII. Bd., Taf. 2, Fig. 5, 6), welche sich durch mehr geschlängelte Secundärnerven von der beschriebenen unterscheidet, kann als deren Descendent betrachtet werden.

Quercus eucalyptoides sp. n.

Taf. I, Fig. 26.

Q. foliis coriaceis anguste lanceolatis subfalciformibus, apicem versus angustatis, margine remote denticulatis; nervatione camptodroma, nervo primario prominente, leviter curvato, nervis secundariis sub angulis 55–60° orientibus, numerosis parallelis curvatis, nervis tertiariis obsoletis.

Fundorte: Strasseneinschnitt bei Oxley, nahe dem Flusse (Loc. II) und Eisenbahneinschnitt zwischen Warragh- und Oxley-Station (Loc. VII).

Diese Art ist sehr nahe verwandt mit der *Quercus Austini* m. aus der Tertiärformation Australiens (l. c. II, Taf. 9, Fig. 11, 12), höchst wahrscheinlich die Stammart derselben. Die Unterschiede beschränken sich auf das mehr sichelförmige Blatt und die Spuren von Randzähnen bei der *Q. encalyptoides*, ausserdem auf wenige Merkmale der Nervation. Es entspringen nämlich die Secundärnerven bei der hier beschriebenen Art unter spitzeren Winkeln, und es treten keine Randschlingen so hervor wie bei *Q. Austini*. Alle übrigen Merkmale, vielleicht auch der Filz, mit dem die Unterfläche des Blattes bedeckt gewesen zu sein scheint, sind gemeinsam, und verweise ich diesbezüglich auf die citirte Abhandlung. *Quercus Myrtillus* Heer aus den Patootschichten hat ähnliche, aber breitere Blätter mit entfernteren Secundärnerven.

Wegen der schmalen, etwas sichelförmig gebogenen Lamina könnte das Blattfossil Fig. 26 mit *Eucalyptus*-Blättern verwechselt werden, allein einerseits fehlen die saumläufigen Schlingenbogen, anderseits ist die Verwandtschaft mit unzweifelhaften Eichen der Tertiärflora zu gross, als dass man auf irgend eine andere Gattung schliessen könnte.

An der Localität II sind Fruchtreste zum Vorschein gekommen, welche mit grosser Wahrscheinlichkeit zu *Quercus* gestellt werden können. Wir wollen dieselben unten gesondert betrachten.

Quercus rosmarinifolia sp. n.

Taf. 1, Fig. 25.

Q. foliis rigide coriaceis linearibus, margine revolutis; nervatione camptodroma, nervo primario prominente recto, nervis secundariis tenuissimis angulis acutis orientibus approximatis vix conspicuis; nervis tertiariis obsoletis.

Fundort: Eisenbahneinschnitt nördlich von der Station Oxley (Loc. III).

Fig. 25 stellt ein deutliches Fragment eines stark eingerollten Blattes von sehr derber lederartiger Textur und schmaler linealer Form dar. Die obere Fläche ist convex, am Mittelnerv rinnig-eingesunken, wie bei den Blättern von *Rosmarinus officinalis*; die untere, vom Gestein bedeckte, muss als entsprechend concav und mit einem kielartig vorspringenden Mittelnerv versehen angenommen werden. Wahrscheinlich befand sich an derselben ein mehr oder weniger dichter Filzüberzug. Von der Nervation bemerkt man ausser dem geraden hervortretenden Primärnerven nur mittels Loupe und bei geeigneter Beleuchtung sehr feine, unter wenig spitzen Winkeln entspringende bogenläufige Secundärnerven. (S. die Vergrösserung des Blattes Fig. 25 a.)

Dieses interessante Blattfossil zeigt meiner Ansicht nach eine der vorigen und der australisch-tertiären *Quercus Austini* m. nahe verwandte Eichenart an; dasselbe hat, jedoch schmälere am Rande eingerollte Blätter, und die weniger gebogenen Secundärnerven entspringen unter etwas spitzeren Winkeln. Von den jetzt lebenden Eichen haben einige mexikanische Arten, als *Q. repanda* Humb. et Bonpl, *Q. microphylla* Née, *Q. linguaefolia* Lieb., mehr oder weniger schmale Blätter mit eingerolltem Rande, welche in dieser Beziehung als Analoga betrachtet werden können. Doch hat das beschriebene fossile Blatt einen viel geringeren Breitedurchmesser.

Quercus colpophylla sp. n.

Taf. 1, Fig. 22, 23.

Q. foliis submembranaceis, late lanceolatis, apice angustatis, margine integerrimis vel undulatis; nervatione camptodroma, nervo primario prominente recto, apicem versus valde attenuato, nervis secundariis sub angulis 50—60° orientibus, prominentibus, simplicibus, arcuatis, inferioribus divergentibus, superioribus convergentibus; nervis tertiariis tenuissimis, ramosis; rete obsoleto.

Fundorte: Eisenbahneinschnitt nördlich von der Oxley-Station (Loc. III) und nächst Oxley Creek (Loc. V).

Die hier Fig. 22 und 23 abgebildeten Blattreste lassen sich zu einem breitlanzettlichen, an der Spitze verschmälerten, am Rande ganzen oder nur etwas wellenförmigen Blatte ergänzen. Der schwächere Eindruck, den dieselben im Gestein zeigen, spricht für eine mehr membranöse als lederartige Textur. Die Nervation zeigt einen hervortretenden, aber gegen die Spitze zu beträchtlich verfeinerten geraden Primärnerven und mehrere hervortretende, unter spitzen Winkeln abgehende ungetheilte Secundärnerven, von denen die oberen convergirend, die unteren aber divergirend gebogen sind. Die grösste Distanz derselben von einander beträgt 11 mm, gegen die Spitze zu wird die Distanz allmählig geringer. Die Tertiärnerven sind sehr fein, unter rechtem Winkel eingefügt und stark verästelt (s. die Vergrösserung der Nervation Fig. 22 a). Das Netz ist aber nur undeutlich sichtbar.

Es dürfte nicht verfehlt sein, diese Reste ebenfalls zu den Eichen zu stellen, von welchen nun fünf Arten an der Localität III zum Vorschein kamen. Die beschriebene Art unterscheidet sich von den vorhergehenden durch die dünnere Textur und die Nervation, überdies durch die Form der Lamina wesentlich von *Q. encalyptoides* und *Q. rosmarinifolia*. Sie theilt jedoch einige Merkmale mit anderen fossilen Eichenarten, als die Nervation mit *Q. delcta* m. der Eocänformation Neuseelands und die Form der Lamina mit *Q. Dampieri* m. der Eocänformation Australiens, ihren wahrscheinlichen Descendenten. Als, wenn auch zum Theil entferntere Analogien derselben in der Kreideflora können gelten: *Q. calliprinoides* m. aus den Schichten von Wengapeka in Neuseeland, *Q. hexagona* Lesq. aus den Schichten von Cass County, Platte River, Nebraska und *Q. hieracifolia* Hos. et v. d. Marck der westfälischen Kreideformation.

Quercus sp.

Taf. I, Fig. 27, 27 a, 28.

Fundort: Strasseneinschnitt bei Oxley, nahe dem Flusse (Loc. II).

An bezeichneter Localität sind zwei Fruchtreste zum Vorschein gekommen, welche mit grosser Wahrscheinlichkeit zu *Quercus* gebracht werden können. Sie gehören zu zwei Arten. Vielleicht ist eine dieselbe, von welcher an der Localität II ein Blattrest gefunden wurde. Doch ist dies bezüglich des Restes Fig. 27, vergrössert Fig. 27 a, welcher der Cupula (von der Seite gesehen) einer Art aus der Abtheilung *Cyclobalanus* entspricht, nicht wahrscheinlich, da der erwähnte Blattrest keineswegs den Blättern der *Cyclobalanus*-Eichen entspricht. Der Rest, Fig. 28, zeigt eine Eichelfrucht an, welche zur *Q. encalyptoides* oder vielleicht zu einer neuen Art gehören kann. Letzteres gilt auch von der Cupula, Fig. 27. Vorläufig müssen wir uns damit begnügen, die Abbildung dieser Fruchtreste in die Tafeln aufgenommen und für eine künftige Untersuchung derselben die Anregung gegeben zu haben.

Fagus leptoneura sp. n.

Taf. II, Fig. 9.

F. foliis submembranaceis, ovatis, basi angustatis, margine inaequaliter dentatis, dentibus prominentibus acutis; nervatione craspedodroma, nervo primario prominente, recto, nervis secundariis sub angulis 60—65° orientibus, tenuibus, leviter convergentibus curvatis, simplicibus, nervis tertiariis sub angulis acutis insertis, tenuissimis vel vix conspicuis.

Fundort: Bahneinschnitt nördlich von der Oxley-Station (Loc. III).

Das in Fig. 9 vorliegende Blattfragment verräth eher eine zartere krautartige als eine lederartige Textur und eine eiförmige nach der Basis verschmälerte Lamina. Der Rand trägt hervortretende, spitze, nach vorn gekehrte etwas ungleiche Zähne, welche nicht gedrängt stehen. Die Nervation zeigt einen stark hervortretenden geraden Primärnerven, von dem zarte, schwach convergirend gebogene und dem Rande zulaufende Secundärnerven unter wenig spitzen Winkeln abgehen. Die sehr feinen Tertiärnerven, welche nur an wenigen Stellen sichtbar sind, entspringen von der Aussenseite der secundären unter ziemlich spitzen Winkeln. Ein Netzwerk hat sich nicht erhalten.

Die angegebenen Merkmale sprechen für ein Buchen- oder Eichenblatt. Nach sorgfältigen Vergleichungen habe ich mich für ersteres entschieden, da ähnliche Buchenblätter aus den Schichten der

Kreideformation in Neuseeland und Europa zum Vorschein gekommen sind, so *Fagus nelsonica* m. aus den Schichten von Wengapeka und *F. prisca* m. aus den Schichten von Niederschöna. Die erstere theilt mit der beschriebenen Art die dünnere Textur des Blattes, unterscheidet sich aber von derselben durch mehr gerade verlaufende Secundärnerven und die kleinen Randzähne, während die letztere in dem Typus der Nervation, nicht aber in der Textur und Zahnung mit der *F. leptoneura* übereinstimmt.

Fagus prae-ulmifolia sp. n.

Taf. II, Fig. 6—8.

F. foliis coriaceis oblongis vel lanceolatis, basi acutis, apicem versus angustatis, margine inaequaliter serratis; nervatione craspedodroma, nervo primario prominente recto, nervis secundariis pluribus, sub angulis 40—50° orientibus, distinctis, leviter convergentim, basi divergentim arcuatis, simplicibus; nervis tertiariis tenuissimis sub angulis acutis egredientibus.

Fundort: Ipswich Road, gegenüber der Station Warragh (Loc. IV).

Kann als die Stammart der *Fagus ulmifolia* m. aus den Eocänschichten von Shag Point in Neuseeland (l. c. Taf. 4, Fig. 4, 5) betrachtet werden, welcher sie in allen Eigenschaften des Blattes sehr nahe kommt. Doch lässt sich die Verschiedenheit der Art auf Grund der folgenden Merkmale annehmen. Die Textur scheint eher lederartig und nicht so dünn gewesen zu sein, wie bei *F. ulmifolia*. Die Form der Lamina ist aus spitzer, doch immerhin breiter Basis länglich oder lanzettlich. Die Spitze ist zwar nicht erhalten, doch erkennt man eine deutliche Verschmälerung der Lamina gegen dieselbe. Der Rand trägt nach vorn gekehrte etwas ungleiche Sägezähne. Der Primärnerv tritt entsprechend der festeren Consistenz des Blattes stärker hervor, ist vollkommen gerade und gegen die Spitze zu weniger verfeinert. Aus demselben entspringen mehrere weniger genäherte, schwach convergirend, am Grunde der Lamina aber divergirend gebogene Secundärnerven unter spitzen Winkeln, ohne sich in Äste zu theilen. Die sehr feinen Tertiärnerven sind nur an wenigen Stellen erhalten und gehen unter spitzen Winkeln ab. Inwieferne diese Blätter von *Ulmus*-Blättern verschieden sind, wurde schon in der cit. Abhandlung, S. 103, auseinandergesetzt. Fig. 8 nähert sich sehr einem kleinen *Ulmus*-Blatt, kann aber von den echten *Fagus*-Blättern, Fig. 6 und 7, nicht getrennt werden.

Fagus prae-ninnisiana sp. n.

Taf. II, Fig. 1—5.

F. foliis herbaceis petiolatis oblongis vel lanceolatis, basi obtusis, apice attenuatis, margine inaequaliter dentatis; nervatione craspedodroma, nervo primario valido prominente, recto, nervis secundariis tenuibus, sub angulis 50—60° orientibus, rectis vel leviter convergentim arcuatis, crebris, parallelis simplicibus; nervis tertiariis tenuissimis, sub angulo recto insertis; reticulo obsoleto.

Fundorte: Ipswich Road, gegenüber der Station Warragh (Loc. IV), hier am häufigsten; Bahneinschnitt nördlich von der Station Oxley (Loc. III); Sherwood, nahe der Bahnstation (Loc. VI).

Wir haben es hier abermals mit der Stammart einer Tertiär-Buche zu thun. Die in Fig. 1—3 abgebildeten Blätter sind denen der *Fagus ninnisiana* Ung. aus den Schichten von Drury und Shag Point in Neuseeland sehr ähnlich und unterscheiden sich von denselben nur durch die folgenden Merkmale. Die Lamina ist an der Spitze stärker als an der Basis verschmälert; die Randzähne sind grösser; der Primärnerv tritt im Ganzen, besonders aber an der Basis weniger mächtig hervor und die Secundärnerven sind etwas weniger convergirend gebogen, manchmal geradlinig oder sogar divergirend; die Tertiärnerven zeigen einen regelmässig rechtwinkligen Ursprung. Die Abdrücke verrathen eine dünnere krautartige Textur. Die von Unger im Novara-Werk, I. Bd., 2. Abth., Taf. 3, Fig. 1—9 abgebildeten Exemplare passen bezüglich der Form der Lamina gut zu denen unserer Art: so besonders Fig. 1 zu unserer Fig. 3, Fig. 5 zu unserer Fig. 4, die Fig. 6 zu unserer Fig. 2 und die schmälere Form von Fig. 4 zu unserer Fig. 1; endlich Fig. 8 der Spitze wegen zu unserer Fig. 5. Vollkommene Übereinstimmung zwischen den beschriebenen und den neuseeländischen Blättern herrscht aber in folgenden Merkmalen. Die Randzähne sind stumpflich; der Primärnerv tritt überhaupt verhältnissmässig stark hervor und verläuft vollkommen gerade, erst in der Nähe der Spitze sich verfeinernd. Die zwar scharf ausgeprägten aber dünnen Secundärnerven, welche auch bei beiden Arten unter denselben spitzen Winkeln entspringen, sind meist schwach convergirend gebogen, seltener, wie bei Fig. 1 geradlinig. (In dieser Beziehung stimmt erwähntes Blatt mit dem in meinen Beiträgen zur foss. Flora Neuseelands, Taf. 4. Fig. 1 abgebildeten von Shag Point überein.) Sie sind ferner ungetheilt, einander parallel, gegen die Basis zu etwas mehr gedrängt. Die Tertiärnerven sind sehr fein und entspringen von beiden Seiten der Secundärnerven unter rechtem Winkel. Letzteres Merkmal konnte aber nur an dem Blatte Fig. 3, vergrössert Fig. 3 *a* erkannt werden, da die feineren Nerven und das Netzwerk meist nicht erhalten sind.

Als der *Fagus prae-ninnisiana* analoge Arten können auch *Fagus Beuthami* m. aus der Tertiärflora Australiens und *F. protonucifera* Daws. aus den Kreideschichten von Peace River bezeichnet werden.

MOREAE.

Ficus Ipswichiana sp. n

Taf. II, Fig. 12.

F. foliis petiolatis subcoriaceis, ellipticis vel oblongis, basi rotundato-obtusis, margine integerrimis, nervatione camptodroma, nervo primario prominente recto, apicem versus attenuato, nervis secundariis tenuibus arcuatis, sub angulis 50—65° orientibus, basilaribus sub acutioribus egredientibus; nervis tertiariis tenuissimis angulis acutis insertis, reliquis obsoletis.

Fundort: Ipswich Road, gegenüber der Station Warragh (Loc. IV).

Das Blattfossil besitzt einen verhältnissmässig ziemlich langen breiten Stiel und verräth eine etwas derbere, mehr lederartige Textur. Die Lamina ist elliptisch oder kann zu einer länglichen Form ergänzt werden; die Basis ist abgerundet stumpf, der Rand ungezähnt. Die bogenläufige Nervation zeigt einen an der Basis stark hervortretenden, gegen die Spitze zu beträchtlich verfeinerten gerade verlaufenden Primärnerven, feine convergirend gebogene, zum Theil kaum erhaltene Secundärnerven, von denen die grundständigen unter Winkeln von 30–35°, die übrigen unter stumpferen entspringen; sehr feine unter spitzen Winkeln abgehende kurze Tertiärnerven und Spuren eines sehr zarten Netzes (s. die Vergrösserung Fig. 12 *a*).

Der Vergleich mit ähnlichen lebenden und fossilen Blättern ergab, dass unser Fossil mit grösster Wahrscheinlichkeit zu *Ficus* zu stellen ist, wofür der breite, wahrscheinlich Milchsaft führende Stiel, die unter spitzern Winkeln abgehenden grundständigen Secundärnerven und die Tracht des Blattes überhaupt sprechen.

Ficus Atlantidis m. aus der fossilen Flora von Sagor, *F. Gaudini* m. aus der Tertiärflora von Bilin und *F. halliana* Lesq. aus der Dakota Group können als Analogien der beschriebenen Art gelten.

ARTOCARPEAE.

Artocarpidium pseudo-cretaceum sp. n.

Taf. II, Fig. 11.

A. foliis coriaceis oblongis, nervatione camptodroma, nervo primario valido crasso, prominente, nervis secundariis firmis prominentibus, marginem versus attenuatis, sub angulis 40—50° orientibus irregulariter arcuatis, nervis tertiariis e primario angulo subrecto, e latere externo secundariorum angulis acutis et ex eorum latere interno angulis obtusis egredientibus.

Fundort: Ipswich Road, gegenüber der Warragh-Station (Loc. IV).

Ein Fetzen eines grösseren Blattes, welcher durch die theilweise Erhaltung der charakteristischen Nervation einige Anhaltspunkte zur Bestimmung darbietet. Das Blatt muss nach dem Eindruck im Gestein zu schliessen von derber lederartiger Beschaffenheit gewesen sein. Der mächtige hervortretende, fast gerade verlaufende Primärnerv zeigt an dem Fragment eine nur sehr geringe Abnahme in der Dicke, woraus auf ein grosses Blatt geschlossen werden kann. Da aber die am Ursprunge stark hervortretenden, im Verlaufe convergirend-bogigen Secundärnerven eine rasche Verfeinerung zeigen, so ist auf eine im Verhältniss zur Länge viel geringere Breite des Blattes zu schliessen, daher das Letztere in seiner Form als länglich bezeichnet werden muss. Die Ursprungswinkel der Secundärnerven sind ziemlich spitz und der Verlauf derselben nicht ganz parallel. Die Tertiärnerven, fein und stellenweise erhalten, entspringen aus den primären unter fast rechten, von der Aussenseite der secundären unter spitzen, von der Inneseite derselben unter stumpfen Winkeln. Der Verlauf, die Verästelung derselben und das Blattnetz sind nicht deutlich wahrzunehmen.

Das beschriebene Fossil zeigt die meiste Ähnlichkeit mit *Artocarpidium cretaceum* der Kreideflora von Niederschöna, von welchem es sich durch gleichstarke, weniger gebogene Secundärnerven unterscheidet. Von grossblättrigen Eichen- und *Ficus*-Arten, Laurineen und Magnoliaceen der Kreideflora, zu welchen man dasselbe stellen wollte, kann es durch die Nervation immerhin unterschieden werden. Obgleich die ungleiche Entwicklung der Blatthälften auf ein Theilblättchen hinweisen, so kann ein solches wegen des breiten, anscheinend milchsaftführenden Primärnervens nicht angenommen werden.

MONIMIACEAE.

Monimia prae-vestita sp. n.

Taf. II, Fig. 13, 14.

M. foliis subcoriaceis petiolatis ovatis vel ellipticis, integerrimis, apice productis; nervatione camptodroma, nervo primario prominente recto, apicem versus attenuato, nervis secundariis sub angulis 40–50° orientibus, tenuibus, simplicibus, arcuatis et subflexuosis, marginem versus adscendentibus, nervis tertiariis sub angulo recto insertis, tenuissimis, reticulo obsoleto.

Fundorte: Oxley Road nächst der Eisenbahnstation Oxley (Loc. I); Bahneinschnitt nördlich von der Oxley-Station (Loc. III).

Die hieher gehörigen Blattfossilien verrathen eine fast lederartige Textur. Das Exemplar Fig. 14 aus der Localität I zeigt einen Stiel, der jedoch zum Theil verloren gegangen ist. Die Lamina variirt zwischen dem Eiförmigen und Elliptischen und zeigt bei dem Fossil Fig. 13 aus der Localität III eine etwas vorgezogene Spitze. Der Rand ist ungezähnt. Der Primärnerv tritt besonders an der Basis stark hervor, verfeinert sich aber nahe der Spitze zu beträchtlich und verlauft gerade; die Secundärnerven sind fein, ungetheilt, entspringen unter ziemlich spitzen Winkeln und verlaufen im Bogen gegen den Rand zu, etwas geschlängelt nach vorne aufsteigend. Die sehr feinen Tertiärnerven sind an beiden Seiten der secundären unter rechtem Winkel eingefügt, ihr weiterer Verlauf und das Blattnetz nicht sichtbar. Bei dem Fossil Fig. 14 scheint das letztere durch ein Trichomgebilde verdeckt zu sein. Ein solches kann auch an dem Blatte Fig. 13 vorhanden gewesen sein, ist aber mit dem Blattnetz spurlos verschwunden.

Die angegebenen Merkmale finden wir grösstentheils an den als *Monimia restita* m. bezeichneten Blattfossilien aus der Tertiärflora Australiens (l. c. S. 26, Taf. 11. Fig. 10) wieder. Da aber doch einige Unterschiede bemerkt werden können, wie die kürzere Lamina, die vorgezogene Blattspitze, die spitzeren Ursprungswinkel der Secundärnerven, die rechtwinklig eingefügten Tertiärnerven an den Kreidefossilien, so müssen wir für diese eine besondere Art aufstellen. Wir sind aber der Ansicht, dass diese Arten in einem genetischen Verhältnisse zu einander stehen.

LAURINEAE.

Cinnamomum Haastii m.

Taf. III, Fig. 2, 3.

Ettingsh., Beiträge z. Kenntn. d. foss. Flora Neuseelands, Denkschr. Bd. LIII, S. 185, Taf. IX, Fig. 11.

C. foliis subcoriaceis, petiolatis ovalibus, integerrimis; nervatione acrodroma, nervo primario prominente recto, apicem versus attenuato, nervis secundariis paucis, infimis suprabasilaribus, sub angulis acutis variis orientibus, tenuibus, curvatis, elongatis, superioribus sub angulo subrecto insertis; nervis tertiariis transversis, inter se remotis; rete tenuissimo microsynammato.

Fundort. Ipswich Road gegenüber der Bahnstation Warragh (Loc. IV).

Die hier abgebildeten Blattfossilien machen den Eindruck von dünner lederartigen Blättern; der Primärnerv verfeinert sich allmählig gegen die Spitze zu; die untersten spitzläufigen Secundärnerven entspringen unter Winkeln von 30–40°, die oberen unter 90°. Das als *Cinnamomum Haastii* a. a. O. abgebildete Blattfossil aus der Kreideflora Neuseelands schien eine derbere, lederartige Textur zu besitzen. Der Primärnerv desselben ist unterhalb der Spitze schneller verfeinert, die spitzläufigen Secundärnerven gehen unter Winkeln von 50–60°, die oberen unter 80–90° ab. In den übrigen Merkmalen stimmen die *Cinnamomum*-Blätter der Localität IV mit dem neuseeländischen vollkommen überein. Die Differenz in der Angabe der Textur kann dadurch erklärt werden, dass letztere bei dem australischen Fossil besser erhalten ist und deutlicher als wenig lederartig erscheint. Der mehr oder weniger schnellen Verfeinerung des Primärnervs ist in vielen Fällen, so auch bei *Cinnamomum*-Blättern keine Wichtigkeit beizulegen. Die Ursprungswinkel der untersten spitzläufigen wie auch der oberen Secundärnerven schwanken bei *Cinnamomum*-Blättern einer und derselben Art innerhalb weiterer Grenzen. (Vergl. die Blätter von *C. Camphora* in Ett. Blattskelete der Apetalen. Denkschriften XV. Bd., Taf. 30, Fig. 6 und 7.) Es können daher obige Unterschiede als zu geringfügig betrachtet werden, um eine neue *Cinnamomum*-Art für die australische Kreideflora aufzustellen; sie mussten aber in der erweiterten Diagnose der obigen Art berücksichtigt werden. Bezüglich der Verwandtschaft derselben zu anderen *Cinnamomum*-Arten verweise ich auf das a. a. O. Gesagte. Schliesslich sei bemerkt, dass an einem der australischen Exemplare stellenweise Spuren eines kleinmaschigen Netzes, wie ein solches der Gattung zukommt, wahrzunehmen sind. (S. die Vergrösserung Fig. 2a.)

Cinnamomum primigenium m.

Taf. III, Fig. 1.

Syn. *Daphnogene primigenia* m. Kreideflora von Niederschoena, Sitzungsber. Bd. LV, Taf. I, Fig. 13; Taf. III, Fig. 15.

C. foliis petiolatis, rigide coriaceis, ovatis vel lanceolatis, integerrimis, petiolo crasso; nervatione acrodroma, nervo primario firmo, prominente, recto, attenuato, nervis secundariis paucis, infimis suprabasilaribus, sub angulis 20—40° orientibus prominentibus, nervis externis tenuissimis instructis.

Fundorte: Oxley Road, nächst der Eisenbahnstation Oxley (Loc. I); Ipswich Road, gegenüber der Warragh-Station (Loc. IV).

Diese Art unterscheidet sich von der vorhergehenden leicht durch die steifere Textur des Blattes, den starken Blattstiel, die schmälere Lamina, den mächtigeren Primärnerven und die stärker hervortretenden spitzläufigen Secundären. Während *Cinnamomum Haastii* sich vorzugsweise an das im Tertiär Neuseelands vorkommende *C. intermedium* als dessen Descendenten anschliesst, steht *C. primigenium* einerseits dem *C. Woodwardi* m. und *C. polymorphoides* m. der australischen Tertiärflora als dessen Descendenten andererseits dem in der Tertiärflora Europas sehr verbreiteten *C. polymorphum* A. Braun sp. am nächsten. Als stellvertretende Arten können *C. scauneuse* Wat. aus dem Eocän Europas und der Kreideflora der Atane-Schichten, dann *C. cuneiforme* Hos. et v. d. Marck sp. aus der westfälischen Kreide betrachtet werden.

Diemenia lancifolia sp. n.

Taf. III, Fig. 4.

D. foliis coriaceis, lanceolatis, acuminatis, integerrimis, subrevolutis; nervatione camptodroma, nervo primario prominente recto, apicem versus valde attenuato; nervis secundariis sub angulis 20—30° orientibus, arcuatis, attenuatis, simplicibus, marginem ascendentibus; nervis tertiariis tenuissimis transversim inter se conjunctis, reticulo obsoleto.

Fundort: Oxley Road, nächst der Eisenbahnstation Oxley (Loc. I).

Die Lamina, von deutlich lederartiger Beschaffenheit, lässt sich, obgleich an der Basis verletzt, zu einem lanzettlichen Blatt ergänzen. Die Spitze ist lang vorgezogen-verschmälert, der Rand ungezähnt, etwas eingerollt. Der Primärnerv, gegen die Basis zu stark hervortretend, gegen die Spitze zu aber sehr beträchtlich verfeinert, zeigt einen geraden Verlauf. Die Secundärnerven entspringen unter auffallend spitzen Winkeln und steigen im schwachen Bogen, verfeinert und ungetheilt den Rand fast spitzläufig aufwärts. Die Tertiärnerven sind sehr fein, querläufig und haben sich wegen der ungünstigen Gesteinsbeschaffenheit nur an wenigen Stellen erhalten (s. die Vergrösserung Fig. 4 *a*). Das Blattnetz aber ist gänzlich verloren gegangen.

Die Bestimmung dieses Fossils, welches in Ab- und Gegendruck vorliegt, ist nachdem die Gattung *Diemenia* für die australische Tertiärflora aufgestellt werden konnte, keineswegs mit Schwierigkeiten verbunden. Die *Diemenia*-Blätter zeigen eine derbe, lederartige Textur und vereinigen gewissermassen die Nervation von *Laurus* und *Cinnamomum* dadurch, dass die entschieden bogenläufige Anordnung der Secundärnerven mit einer spitzläufigen Tendenz derselben verbunden ist und dass die Tertiärnerven wie bei der letzteren Gattung querläufig sind. In der australischen Kreideflora finden wir sonach die Bestätigung der Gattung *Diemenia* und können die genetische Beziehung ihrer Tertiärarten zur Kreideart ohne Bedenken annehmen. Letztere hat viel kleinere Blätter, welche auch noch durch den schwächeren Primärnerven und die spitzeren Winkel der zarteren Secundärnerven von den tertiär-australischen abweichen. In Bezug auf die Blattform und die mehr aufsteigenden Secundärnerven nähert sich derselben *D. speciosa* m. am meisten.

In Prof. Hosius und Dr. v. d. Marck's Abhandlung über die Flora der westfälischen Kreideformation Palaeontographica, XXVI. Bd., ist S. 167, Taf. 31, Fig. 90 ein Blattfossil als *Laurus affinis* beschrieben und abgebildet, welches ganz richtig zu den Laurineen gestellt wurde, aber in seinen Merkmalen mit *Diemenia* auffallend übereinstimmt. Es zeigt die spitzläufig aufsteigenden Secundärnerven und die vollkommen querläufigen Tertiärnerven so wie die *Diemenia speciosa* der australischen Tertiärschichten und weicht von dem Blatte dieser Art nur durch eine kleinere schmälere Lamina ab, hierin mehr der beschriebenen australischen Kreide-*Diemenia* gleichend, von der es aber durch stumpfere Abgangswinkel der Secundärnerven verschieden ist.

Sehr ähnliche Blätter hat Saporta in seiner Abhandlung »Prodrome d' une flore fossile des travertins anciens de Sézanne« ebenfalls unter *Laurus* beschrieben und abgebildet. *Laurus vetusta* Sap. l. c. Taf. 8, Fig. 2—4 gleicht der *Diemenia speciosa* in allen Eigenschaften bis auf die unter etwas spitzeren Winkeln entspringenden Secundärnerven und die feineren mehr verästelten tertiären. *Laurus assimilis* Sap. l. c. Fig. 6 schliesst sich in allen Eigenschaften bis auf die schwächeren Secundärnerven und die schmälere Blattform mehr der australischen *D. perseaefolia* an.

In Saporta et Marion »Révision de la flore Heersienne de Gelinden« Mémoires couronnés publ. par l' Academie Royale des sciences de Belgique, 41. Bd., sind einige als *Litsaea* beschriebene Blattfossilien denen der erwähnten *Diemenia*-Arten ausserordentlich ähnlich. *Litsaea expansa* Sap. et Mar. l. c. S. 68, Taf. 11, Fig. 1, 2 zeigt in den stark aufsteigenden Secundärnerven und den querläufigen Tertiärnerven ganz und gar den Charakter von *Diemenia*. Hiezu kommt noch eine *Cinnamomum*-Ähnlichkeit in den stark hervortretenden Aussennerven an den grundständigen Secundärnerven. Diese Blätter zeigen wegen der stark hervortretenden, unter spitzen Winkeln entspringenden Secundärnerven eine grössere Annäherung zu *D. perseaefolia*, während *Litsaea clatinervis* Sap. et Mar. l. c. S. 70, Taf. 11, Fig. 4, welcher die hervortretenden Aussennerven zu fehlen scheinen, wegen der entfernter gestellten Secundärnerven, die unter etwas stumpferen Winkeln entspringen, aber desto mehr gebogen, der Blattspitze zustreben, der *D. speciosa* in auffallender Weise gleichen. *Litsaea viburnoides* Sap. et Mar. l. c. Taf. 11, Fig. 3 hat eine eiförmige Lamina und gleicht, von letzterem Merkmale abgesehen, am meisten der *D. perseaefolia*. Ich bestreite keineswegs die Laurineen-Natur dieser Blattfossilien, welche richtig erkannt ist, glaube aber in denselben die gleiche Gattung *Diemenia* annehmen zu können, welche der Kreide und dem Eocän, in Australien sowohl wie auch in Europa, gemeinsam zukommt.

Laurus plutonina sp. n.

Taf. II, Fig. 15.

L. foliis coriaceis, breviter petiolatis, lanceolatis, basi acutis, apice acuminatis, margine integerrimis; nervatione camptodroma, nervo primario valido, prominente, recto, nervis secundariis numerosis, tenuibus, sub angulis 50—60° egredientibus, arcuatis, simplicibus, marginem versus adscendentibus, subflexuosis; nervis tertiariis e latere externo secundariorum sub angulis acutis orientibus, tenuissimis, saepe vix conspicuis.

Fundort: Ipswich Road gegenüber der Bahnstation Warragh (Loc. IV).

Es sind lederartige, kurz gestielte Blätter mit ganzrandiger, lanzettförmiger, an der Basis wenig, gegen die Spitze zu stark verschmälerter Lamina. Aus einem starken, hervortretenden, geraden Primärnerv entspringen unter spitzen Winkeln zahlreiche, bis 12 *mm* von einander abstehende, aber auch bis 4 *mm* von einander genäherte, ziemlich feine, aber scharf ausgeprägte Secundärnerven, welche im Bogen und gegen den Rand zu etwas geschlängelt nach aufwärts ziehen ohne sich zu verästeln. Nur an wenigen Stellen lassen sich die sehr feinen Tertiärnerven wahrnehmen, welche von der Aussenseite der secundären unter spitzen Winkeln abgehen. Ein Blattnetz ist nicht erhalten.

Die Fossilien theilen ganz und gar die Tracht der *Laurus*-Blätter. Nach sorgfältiger Vergleichung konnte ich die Blätter von *L. plutonia* Heer aus den Atane- und Patootschichten der Kreideflora Grönlands als die ähnlichsten bezeichnen. Besonders nahe in allen Eigenschaften kommen die von Heer im VI. Bande der Flora fossilis arctica, Taf. 20, Fig. 5 und Taf. 28, Fig. 11 abgebildeten Exemplare unseren Fossilien. Man könnte dieselben ohne Bedenken zu einer Art vereinigen, wenn nicht die grönländer Fossilien der *L. plutonia* im Allgemeinen eine schmälere Lamina zeigen und besonders die Basis derselben stärker verschmälert sein würde. Ich glaube daher die beschriebene *Laurus*-Art der australischen Kreide vorläufig zu einer eigenen Art stellen und auf die sehr nahe Verwandtschaft derselben mit *L. plutonia* hinweisen zu sollen. *L. australiensis* m. aus der Eocänflora Australiens, durch breitere Blätter und stumpfere Abgangswinkel der Secundärnerven verschieden, kann als Descendent der *L. plutonia* gelten.

PROTEACEAE.

Proteoides australiensis sp. n.

Taf. III, Fig. 16.

P. foliis coriaceis petiolatis oblanceolato-linearibus, basi in petiolum attenuatis, apice rotundato-obtusis, margine integerrimis; nervatione brochidodroma, nervo primario filiforme, prominente, plus minusve arcuato, nervis secundariis sub angulis acutis variis orientibus, tenuissimis, nervo marginali conjunctis, nervis tertiariis e latere externo secundariorum angulis obtusis egredientibus, longitudinaliter inter se conjunctis.

Fundort: Bahneinschnitt zwischen der Warragh- und Oxley-Station (Loc. VII).

Ein kleines, kaum über 20 *mm* langes und kaum 4 *mm* breites Blatt von deutlich lederartiger Beschaffenheit. Der Stiel erscheint am Abdruck 4 *mm* lang, muss aber länger gewesen sein, da er abgebrochen ist. Die Lamina ist verkehrt-lanzettförmig ins Lineale übergehend, in den Blattstiel fast flügelförmig herabgezogen; die Spitze abgerundet stumpf, fast ausgerandet; der Rand ungezähnt. Der fadenförmig dünne Primärnerv tritt desungeachtet scharf hervor und zeigt, vielleicht wegen der ungleichmässigen Entwicklung des Blattes eine leichte Bogenkrümmung. Die Secundärnerven sind so fein, dass sie nur mittels der Loupe wahrgenommen werden können. Dieselben entspringen unter ziemlich spitzen Winkeln, welche zwischen 25° und 45° schwanken und sind mit ihren Schlingen-Anastomosen zu einem feinen saumläufigen Nerven verbunden. Die noch feineren Tertiärnerven sind nur an einer Stelle der Lamina erkennbar und zeigen da einen stumpfwinkligen Ursprung an der Aussenseite der Secundärnerven, um nach der Längsrichtung der Lamina zu anastomosiren. (S. die Vergrösserung Fig. 16 a.)

Die Proteaceen-Natur dieses Fossils scheint mir nicht zweifelhaft zu sein; was aber die Gattung betrifft, der es angehört, so lässt sich die Wahl einer lebenden nicht begründen, da hier die Merkmale von zwei oder mehreren Gattungen (*Protea*, *Grevillea*, *Persoonia*) combinirt zu sein scheinen. Ich glaube daher, dasselbe vorläufig am besten der Sammelgattung *Proteoides* einverleiben zu sollen. Als analoge Arten der Kreideflora könnten einige als *Proteoides longus* Heer bezeichneten Reste aus den Kreideschichten von Unter-Atanekerdluk in Grönland, welche ich als solche beibehalten und nicht zu *Myrica* stellen möchte, und *P. acutus* Heer aus der nordamerikanischen Kreide betrachtet werden, obgleich dieselben in der Blattform und Nervation von unserer Art nicht unbeträchtlich abweichen.

Conospermites linearifolius sp. n.

Taf. III, Fig. 15.

C. foliis rigide coriaceis anguste lanceolatis basi attenuatis, margine integerrimis, nervatione acrodroma, nervis primariis 3, mediano prominente, recto, nervis lateralibus distinctis, simplicibus vel furcatis, subflexuosis; nervis secundariis e mediano sub angulis acutis orientibus, tenuissimis; nervis tertiariis obsoletis.

Fundort: Mit der vorigen Art in der Localität VII.

Ein Fragment eines auffallend derben lederartigen Blattes, dessen Abdruck und Gegendruck die verhältnissmässig mächtige, verkohlte Substanz zeigt. Die Lamina lässt sich zu einer lineallanzettlichen, an der Basis verschmälerten Form ergänzen. Der Rand ist ungezähnt. Die Nervation zeigt drei Hauptnerven; der mittlere tritt am stärksten hervor; die beiden seitlichen sind dem Rande, welchem sie parallellaufen, genähert und schwach geschlängelt. Einer ist gabelig getheilt; die Äste laufen längs dem Rande fort; der andere ist ungetheilt. Die Secundärnerven sind nur am Mediannerven sichtbar, von welchem sie unter spitzen Winkeln abgehen (s. die Vergrösserung Fig. 15 a). Tertiärnerven und Netz sind nicht erhalten.

Die Kreideflora von Niederschoena enthält eine Form, welche der beschriebenen in den meisten Eigenschaften nahe steht, nämlich *Conospermites hakeaefolius* m. (Kreideflora von Niederschoena, Sitzungsberichte LV. Bd., Taf. 3, Fig. 4 und 12). Dieselbe unterscheidet sich von *C. linearifolius* nur durch grössere Blätter und die fast gleich stark hervortretenden Primärnerven. Bezüglich der Begründung dieser Form als Proteacee und ihrer jetztweltlichen Analogien muss ich auf das a. a. O. Auseinandergesetzte verweisen.

Grevillea Oxleyana sp. n.

Taf. III, Fig. 14.

G. foliis coriaceis lanceolatis acuminatis integerrimis; nervatione brochidodroma, nervo primario filiforme prominente recto, nervis secundariis sub angulis acutis orientibus, tenuissimis, arcuatis, furcatis, inter se anastomosantibus, arcubus laqueorum margini approximatis, subparallelis; nervis tertiariis obsoletis.

Fundort: Mit den Vorigen in der Localität VII.

Das kleine Bruchstück Fig. 14 verräth durch seine Form und Nervation ganz und gar den Charakter der fossilen Grevillea-Blätter, wie sie aus den Tertiärlagerstätten von Häring in Tirol, Ralligen und Locle in der Schweiz, Kumi auf der Insel Euboea, Aix in der Province, Sagor in Krain, Leoben und Schönegg in Steiermark zum Vorschein gekommen sind. Dasselbe verräth eine lederartige Blattbeschaffenheit und lässt sich zu einer breiteren, mehr lanzettförmigen Lamina ergänzen. Wegen der letzteren Eigenschaft und des ungezähnten Randes entspricht es der *Grevillea haeringiana* m., forma c. *latior integerrima* (s. die Charakteristik der Formen dieser Art in meiner fossilen Flora von Schönegg, Denkschriften LVII. Bd., S. 105), welche die grösste Verbreitung hat, da sie sich, Häring und Sagor ausgenommen, an allen oben genannten Localitäten findet. Der Primärnerv ist fein, fadenförmig, aber scharf hervortretend; die Secundärnerven entspringen unter Winkeln von 35—45°, sind anfangs gerade, dann aber gegen den Rand zu schnell gebogen und meist an dieser Stelle in zwei Ästchen gespalten, welche die Schlingenanastomosen bilden. Die

4 *

Schlingenbogen sind dem Rande ziemlich genähert und mit demselben fast parallel; Tertiärnerven und Blattnetz nur durch Spuren angedeutet. (S. die Vergrösserung Fig. 14 a.)

So sehr das beschriebene Blatt sich der *Grevillea haeringiana* anschliesst, so wage ich es doch nicht, dasselbe geradezu dieser Art einzureihen, da es in der Nervation durch den feineren Primärnerven und die die dem Rande mehr genäherten Schlingenbogen abweicht.

Grevillea proxima m. aus der Eocänflora Australiens ist nur durch die dünnere Textur, eine etwas breitere Blattform und stumpfere Abgangswinkel der Secundärnerven verschieden und kann als Abkömmling der *G. oleyana* gelten.

Rhopalophyllum australe sp. n.

Taf. III, Fig. 12, 13.

Rh. foliis pinnatis, foliolis subcoriaceis lanceolatis vel lineari-lanceolatis, basi obtusiusculis, apice acuminatis, margine denticulatis vel integerrimis; nervatione dictyodroma, nervo primario basi prominente, apicem versus valde attenuato recto; nervis secundariis tenuissimis angulis subacutis egredientibus, reliquis obsoletis.

Fundorte: Oxley Road, nächst der Eisenbahnstation Oxley (Loc. I); Ipswich Road, gegenüber der Bahnstation Warragh (Loc. IV).

Die Bearbeitung der fossilen Flora von Leoben (Denkschriften LIV. Bd.) hat gelehrt, dass die früher als *Myrica acuminata* und *Dryandroides a.* bezeichneten Blattfossilien Theilblättchen eines einfach gefiederten Blattes sind, daher nicht zu *Myrica* gehören können. In der c. Abhandlung S. 314 habe ich die Gründe auseinandergesetzt, aus welchen diese Fossilien zu einer besonderen Proteaceen-Gattung, *Rhopalophyllum*, gebracht werden, worauf ich hier verweise. Mit solchen Theilblättchen haben die in Fig. 12 und 13 abgebildeten Blattfossilien die meiste Ähnlichkeit. Die Abdrücke lassen eine dünner lederartige oder fast krautartige Textur erkennen. Bei Fig. 12 bemerkt man eine stiellose, etwas ungleiche Basis. Der Analogie nach mit den *Rhopalophyllum*-Blättchen von Leoben müsste dieses einem Seitenblättchen entsprechen. Die Form der Blättchen ist bald breiter, bald schmäler lanzettlich mit eirunder oder stumpflicher Basis und lang zugespitzter Spitze. Der Rand zeigt beim Exemplar Fig. 12 kleine, dicht gestellte, unregelmässige Zähne, ist hingegen bei dem schmäleren Blättchen Fig. 13 fast ungezähnt. Die zarte Nervation zeigt einen nur an der Basis stärker hervortretenden, dann aber bald beträchtlich verfeinerten, geraden Primärnerven und sehr feine, unter spitzen Winkeln abgehende Secundärnerven, welche jedoch unvollständig erhalten sind, so dass weder ihre Stellung noch ihr weiterer Verlauf erkannt werden kann. Von Tertiär- und Blattnerven höherer Grade ist keine Spur vorhanden.

Für die Kreideflora von Niederschoena habe ich eine *Rhopala*-Art angenommen, welche sich mehr den jetztlebenden Arten dieser Gattung anschliesst und von *Rhopalophyllum australe* durch grössere und breitere Theilblättchen mit bogenläufiger Nervation unterscheidet. Das tertiäre *Rhopalophyllum acuminatum* aber unterscheidet sich von unserer Art durch die Zahnung des Randes und eine etwas andere Nervation.

Banksia cretacea sp. n.

Taf. III, Fig. 9, 10.

B. foliis coriaceis lanceolatis, utrinque attenuatis, remote dentatis; nervatione dictyodroma, nervo primario valido prominente, recto, paullo attenuato, nervis secundariis sub angulis acutis orientibus, tenuissimis, arcuatis approximatis, in rete subtilissimum dissolutis.

Fundort: Eisenbahneinschnitt zwischen der Warragh- und Oxley-Station (Loc. VII).

Die lederartige Textur des Blattfossils ist deutlich ausgesprochen. Obgleich Basis und Spitze fehlen, lässt sich die Verschmälerung der lanzettförmigen Lamina gegen beide Enden zu erkennen. Der Rand ist mit ziemlich hervortretenden, in ungleicher Entfernung von einander gestellten, sehr spitzen Zähnen besetzt. Der Primärnerv ist stark, hervortretend, in seinem Verlaufe nur wenig verfeinert, vollkommen gerade. Aus demselben entspringen unter Winkeln von 40—50° sehr feine, an wenigen Stellen nur mittelst der Loupe

deutlich sichtbare Secundärnerven, welche ungleich entwickelt sind. Die längeren sind durch feine Randschlingen untereinander verbunden, die kürzeren dazwischen liegenden verlieren sich im Netze. Dieses ist
äusserst zart und kleinmaschig. (S. die Vergrösserung der Nervation 9 a.)

Das beschriebene Blattfossil kann seinen Eigenschaften nach nur zu *Banksia* gestellt werden, wo einige
bereits bekannt gewordene fossile Arten derselben demselben nahe stehen, so *B. Haëlli* m. und *B. Camp-
belli* m. aus der Tertiärflora Australiens und *B. bacriugiana* m. aus der Europas. Als Analogie kann ferner
hier erwähnt werden *B. prototypa* m. aus der Kreideflora von Niederschoena. Von allen diesen ist es durch
die Zahnung des Randes zu unterscheiden.

Banksia sub-longifolia sp. n.

Taf. III, Fig. 7.

*B. foliis subcoriaceis linearibus, remote dentatis, dentibus acutis, inermibus; nervatione dictyodroma, nervo
primario tenui, distincto, recto; nervis secundariis tenuissimis, sub angulis 70°—80° orientibus, curvatis
simplicibus vel furcatis, ramulis marginem adscendentibus, nervis tertiariis abbreviatis, vix conspicuis
in rete subtilissimum dissolutis.*

Fundort: Mit Voriger in der Localität VII.

Die Blattbeschaffenheit ist etwas dünner als die der vorhergehenden Art. Die Lamina erscheint, so
weit dieselbe erhalten ist, vollkommen lineal bei einer Breite von 6 mm; der Rand ist mit spitzen, fast zugespitzten, nach aussen etwas abstehenden, dornenlosen Zähnen in Distanzen von 4—8 mm besetzt. Gegen
die Spitze zu sind dieselben etwas mehr genähert. Der Primärnerv ist fast fadenförmig dünn, tritt aber
scharf hervor. Die Secundärnerven entspringen unter wenig spitzen Winkeln, manche nahezu unter 90°,
sind sehr fein, gebogen, einfach oder gabelspaltig, oft kaum sichtbar, die Ästchen nach dem Rande aufsteigend. Von den überaus feinen Tertiärnerven sind nur Spuren wahrzunehmen, welche in dem sehr
zarten, kleinmaschigen Netze sich verlieren. (S. die Vergrösserung der Nervation Fig. 7 a.)

Diese Art nähert sich am meisten der *Banksia longifolia* m. aus den Tertiärschichten Europas, von
welcher sie sich aber durch die dünnere Textur, die mehr nach vorn gekehrten Randzähne und die unter
etwas stumpferen Winkeln entspringenden Secundärnerven unterscheidet. In allen übrigen Merkmalen
herrscht vollste Übereinstimmung. (Vergl. die Vergrösserung der Nervation letzterer in: Fossile Flora von
Leoben, Denkschriften Bd. LIV., Taf. 4, Fig. 9 a.)

Banksia plagioneura sp. n.

Taf. III, Fig. 8.

*B. foliis coriaceis, oblongis, basin versus angustatis, margine remote dentatis, dentibus acutis inermibus;
nervatione craspedo-brochidodroma, nervo primario firmo, prominente, recto; nervis secundariis sub
angulis 30°—40° orientibus, tenuibus, inaequalibus, longioribus craspedodromis, subrectis, brevioribus
arcuatis brochidodromis; nervis tertiariis tenuissimis, vix conspicuis; rete obsoleto.*

Fundort: Die Localität VII mit den Vorigen.

Obgleich nur ein kleines Bruchstück des Blattes dieser Art vorliegt, so bietet dasselbe so viele charak-
teristische Merkmale, dass die Bestimmung desselben ohne Schwierigkeit vorgenommen werden konnte.
Die Blattsubstanz ist deutlich lederartig, die Form der Lamina lässt sich zu einer länglichen, gegen die
Basis zu verschmälerten ergänzen. Der Rand ist mit beiläufig 7—8 mm von einander entfernten, spitzen
aber wehrlosen Zähnen besetzt. Aus einem starken geraden hervortretenden Primärnerven entspringen feine
Secundärnerven von ungleicher Länge und Richtung; die längeren sind fast gerade und laufen in die Spitzen
der Zähne; die kürzeren sind gebogen und durch Schlingenäste mit den ersteren gebunden. Von den sehr
feinen Tertiärnerven sind nur Spuren, vom Netz aber nichts wahrzunehmen. (S. die Vergrösserung der Nervation Fig. 8 a.)

Diese Eigenschaften finden sich vorzugsweise bei *Banksia* und *Dryandra*. Besonders ähnlich dem
beschriebenen Fossil ist das Blatt von *Banksia australis* R. Brown (Ett. Blattsk. d. Apetalen, Denkschriften

XV. Bd., Taf. 44, Fig. 3—4. Hier haben wir, ausser der übereinstimmenden Form und Textur noch die entfernten Randzähne und dieselben ungleichen, unter spitzeren Winkeln abgehenden Secundärnerven. Die mit Dornen besetzten Zähne bei der lebenden Art bilden den einzigen Unterschied. *Banksia marginata* Cav. (Ett. l. c., Taf. 46, Fig. 7, 8) hat ebenfalls ähnliche Blätter, nur sind die Randzähne einander mehr genähert und die Ursprungswinkel der Secundärnerven etwas weniger spitz. Von *Dryandra*-Arten kommen *D. floribunda* R. Brown (Ett. l. c., Taf. 44, Fig. 17, 18) und *D. quercifolia* Meissn. (Ett. l. c. Fig. 45, 46) unserem Fossil in der Blattbildung sehr nahe, besonders die Erstere wegen den unter auffallend spitzen Winkeln entspringenden Secundärnerven. Obgleich die genannten *Dryandra*-Arten keine gelappten Blätter besitzen, was bei dieser Gattung ungewöhnlich ist, so sind doch die Randzähne bedeutend grösser als bei unserem Fossil, und hierin und in den Dornspitzen derselben liegt der einzige Unterschied.

Von den bis jetzt beschriebenen fossilen *Banksia*-Arten zeigt *B. Blarlandi* m. der australischen Tertiärflora (Ett. l. c., Taf. 12, Fig. 12 *a* und *b*) mit unserer neuen Art eine grosse Übereinstimmung in der Textur, Form und Nervation des Blattes. Der Unterschied besteht nur in den Zähnen des Randes, die bei *B. Blarlandi* einander mehr genähert stehen. Hingegen kommt das Blatt der *B. leiophylla* Hos. et v. d. Marck sp. aus der westfälischen Kreideformation dem Blatte der *B. plagioneura* in allen Eigenschaften, mit Ausnahme der lineallanzettlichen Form der Lamina auffallend nahe. Die Schichten der westfälischen Kreide lieferten noch andere ähnliche Blätter, welche Hosius und v. d. Marck mit Recht eher zu den Proteaceen als zu *Myrica* stellen zu wollen erklärt haben. Der Umstand, dass in den Tertiärschichten mit solchen Blättern, die man nach allen ihren Eigenschaften für Proteaceen-Blätter halten muss, auch *Myrica*-Früchte gefunden worden sind, hat die meisten Phytepalaeontologen irregeführt, und daher veranlasst, die besagten Blätter zu *Myrica* zu stellen, obgleich dieser Gattung Blätter mit solchen Merkmalen gar nicht zukommen. Da nun bei weiterem Nachforschen und Ausbeuten der tertiären Lagerstätten sich herausgestellt hat, 1. dass nebst den echten Proteaceen-Blättern (von *Banksia, Dryandra, Lomatia* u. A.) auch echte *Myrica*-Blätter an denselben vorkommen; 2. dass die erwähnten *Myrica*-Früchte nur zu den letzteren passen und gehören, nicht aber zu den ersteren, so kann die Opposition, welche der Annahme von fossilen Proteaceen bisher so hartnäckig sich in den Weg gestellt hat, als völlig gegenstandslos betrachtet werden, wenigstens von Seite derjenigen, denen die Erforschung der Wahrheit, nicht aber das Beharren bei der einmal ausgesprochenen, wenn auch irrigen Ansicht zur Richtschnur dient.

Bei dieser Gelegenheit kann ich nicht umhin, auf phylogenetische Momente hinzuweisen, welche für das Vorkommen von *Banksia* in der europäischen Tertiärflora sprechen. Als ein Hauptgrund, auf welchen hin die Gegner der fossilen Proteaceen und namentlich der *Banksia* meistens sich stützten, galt die Blattform, welche bei den lebenden Banksien abgeschnitten — oder wenigstens abgerundet — stumpf ist, während die als *Banksia*-Blätter erklärten fossilen gegen die Spitze zu stark verschmälert sind. Ich habe mir nun zur Aufgabe gestellt, nach abgerundet stumpfen fossilen *Banksia*-Blättern, das ist nach progressiven Formen zu suchen. Durch die Anwendung meiner Frostsprengungsmethode zur Gewinnung der Fossilreste aus den Pflanzenfossilien führenden Gesteinen, welche mir ein reichhaltiges und wohlerhaltenes Untersuchungsmaterial liefert, gelangte ich in der That zu Blattfossilien, welche alle Eigenschaften mit den als *Banksia* bestimmten theilen, nur mit dem Unterschiede, dass sie eine abgerundet — oder sogar abgeschnitten — stumpfe Lamina zeigen. Diese zweifellosen Annäherungsformen würden schon für sich allein vollkommen genügen, um die Bestimmung der fossilen *Banksia*-Blätter als richtig zu beweisen. Ich konnte aber den Beweis noch vervollständigen durch die Auffindung lebender regressiver (atavistischer) *Banksia*-Blätter, nämlich solcher mit stark verschmälerten oder zugespitzten Enden. Um diese Thatsache unwiderleglich festzustellen, sind in meiner Abhandlung über diesen Gegenstand[1] die betreffenden *Banksia*-Blätter im Naturselbstdruck abgebildet worden. Als ein weiterer Beweis für die Richtigkeit meiner Ansicht

---

[1] Über fossile *Banksia*-Arten u. s. w. Sitzungsber. Bd. XCIX, S. 475, Taf. I, Fig. 2, 3.

kann wohl auch die Thatsache gelten dass die Mehrzahl der *Banksia*-Arten der australischen Tertiärflora gleich den europäischen gegen die Spitze zu verschmälerte oder zugespitzte Blätter zeigen. [1]

Banksia crenata sp. n.

Taf. III, Fig. 11.

B. foliis coriaceis, oblongis, dentato-crenatis, crenis brevissime mucronatis; nervatione mixta, nervo primario distincto recto, nervis secundariis sub angulis 60—70° orientibus, tenuibus, arcuatis approximatis, subparallelis, apice furcatis, longioribus craspedodromis, brevioribus camptodromis; nervis tertiariis et rete obsoletis.

Fundort: Strasseneinschnitt bei Oxley, nahe dem Flusse (Loc. II).

Das kleine Bruchstück Fig. 11 verräth eine lederartige Textur und eine längliche Lamina; der Rand zeigt grosse verschmälerte, aber am Ende abgerundet-stumpfe, anscheinend unbewehrte Zähne, die regelmässig beiläufig 9—10 *mm* von einander entfernt liegen. Bei genauerer Besichtigung derselben mittels der Loupe gewahrt man aber eine sehr kleine Stachelspitze als Ausläufer des Secundärnervens am Ende jedes Kerbchens. Der Primärnerv zeigt die Oberseite des Blattes an, da er flach und in der Mitte von einer feinen Furche durchzogen ist; er erreicht nahezu die Breite von 1 *mm*. Von demselben gehen feine, ungleich lange, meist gabelspaltige Secundärnerven unter wenig spitzen Winkeln ab. Die längeren verlaufen fast gerade zu den Zähnen, die kürzeren im Bogen aufwärts nach dem Rande. Von den übrigen Nerven ist kaum eine Spur zu sehen.

Bei oberflächlicher Betrachtung möchte man dieses Fossil als einen *Myrica*-Blattrest betrachten und etwa mit der oben beschriebenen *M. pseudo-lignitum* vereinigen. Bei Prüfung und Vergleichung der Merkmale aber muss man wenigstens zugeben, dass die Identität der Arten, zu welchen die beiden Fossilen gehören, nicht anzunehmen ist. Es kann aber auch von der Identität der Gattung nicht die Rede sein, wenn man die Tracht des Blattes, die Nervation und bei dem Fossil aus der Localität II das Verhandensein bewaffneter Kerbzähne berücksichtigt, was, wie auch die Analogien von lebenden und fossilen Blättern nur zur Gattung *Banksia* führt. Von den ersteren haben wir die Blätter von *B. serrata* L. F., von den letzteren die von *B. Horelli* m. aus der Tertiärflora Australiens (l. c. S. 115, Taf. 12, Fig. 13, 14) als nach den beschriebenen Merkmalen am meisten übereinstimmend hervorzuheben. Doch besitzt die neue Art in der Randbeschaffenheit und Nervation auch ihre eigenen Merkmale, durch welche man sie von den genannten deutlich unterscheidet. Als entferntere Analogie ist noch zu nennen *B. haldemiana (Dryandroides)* Hos. et v. d. Marck sp. aus der Kreideflora Westfalens, welche durch kleinere und spitze Randzähne von unserer Art abweicht.

GAMOPETALAE.

APOCYNACEAE.

Apocynophyllum warraghianum sp. n.

Taf. III, Fig. 5, 6.

A. foliis coriaceis, lanceolatis, apicem versus angustatis, margine integerrimis; nervatione brochidodroma, nervo primario valido, prominente, recto; nervis secundariis numerosis, sub angulis 70—80° orientibus, distinctis, rectis vel paullo flexuosis, marginem versus furcatis, 3—6 mm inter se distantibus, ramis inter se conjunctis, laqueos marginales curvatos formantibus; nervis tertiariis obsoletis.

Fundort: Ipswich Road, gegenüber der Bahnstation Warragh (Loc. IV).

Die lederartige Textur dieser Blattfossilien tritt ungeachtet der ungünstigen Gesteinsbeschaffenheit sehr deutlich vor Augen. Das Fossil Fig. 5 verräth eine lange, lanzettförmige Lamina, welche gegen die Spitze zu eine allmälige Verschmälerung erfährt. Der Rand ist ungezähnt. Aus mächtigen, gegen die Spitze

---

[1] Es sind dies die Arten: *Banksia Lawsoni* m., *B. Horelli* m., *B. myricaefolia* m., *B. lancifolia* m. und *B. Blandanti* m. Siehe Beiträge z. Kenntn. J. Tertiärflora Australiens, l. c. S. 34—36, Taf. XII und XIII.

zu allmälig verschmälerten Primärnerven entspringen zahlreiche, etwas genäherte, scharf hervortretende, etwas schlängelige, gegen den Rand zu gabeltheilige Secundärnerven unter wenig spitzen Winkeln. Die von den Ästchen gebildeten Schlingen laufen dem Rande nicht parallel. In den breiteren Schlingensegmenten treten oft einzelne kürzere Secundärnerven auf. Von den Tertiärnerven sind kaum Spuren erhalten.

Die Bestimmung dieses Fossils erforderte eine umständliche Nachschau und Vergleichung mit den zahlreichen Blattähnlichkeiten, welche verschiedene, systematisch oft weit von einander entfernte Gattungen und Arten darbieten. Wir wollen die Mühe nicht scheuen, dieselben in systematischer Ordnung aufzuzählen und dann auf Grund des Zusammentreffens der ähnlichsten Eigenschaften die Auswahl zur näheren Bestimmung des Fossils vornehmen. Ein anderer Weg der Begründung der letzteren ist nicht denkbar. Die Zurückweisung der Bestimmung aber wäre im vorliegenden Falle nach meinem Dafürhalten laienhaft und unwissenschaftlich, wenn auch das Fossil vorläufig nur annähernd richtig bestimmt werden kann.

Wir beginnen mit den Analogien des Fossils in der lebenden Flora. *Myrica sapida* Wall., Ett. Blattsk. d. Dicotyledonen, Taf. 2, Fig. 9 und *M. rubra* S. et Z., Ett. Blattsk. der Apetalen, Taf. 5, Fig. 5, stimmen bezüglich der lederartigen Textur, der länglichen, ganzrandigen Form und der zahlreichen, unter sehr wenig spitzen Winkeln abgehenden Secundärnerven mit unserem Fossil überein, welchen jedoch ab durch die viel kürzere Lamina, deren Verschmälerung gegen die Spitze zu wie bei allen *Myrica*-Arten nur gering ist, durch den viel schwächeren Primärnerven und die im selben Verhältnisse schwächer hervortretenden Secundärnerven. Die Gattung *Myrica*, welcher überdies meistens gezähnte Blätter eigen sind, kann daher hier nicht in Betracht kommen.

Quercus Ghiesbreghtii Mart. et Gal., Ett. Apetalen Taf. 9, Fig. 7, stimmt in der lederartigen Textur, der lanzettlichen, ganzrandigen, gegen die Spitze zu bedeutend verschmälerten Lamina und den zahlreichen, unter wenig spitzen Winkeln entspringenden Secundärnerven mit dem Fossil überein, unterscheidet sich aber wesentlich durch die Nervation. Der Primärnerv und die Secundärnerven sind verhältnissmässig viel dünner und letztere auffallend ungleich in der Länge und Richtung. Überdies erreicht das Blatt beiweitem nicht die Länge des Fossils und die Verschmälerung ist bei letzterem mehr allmälig. Es kann daher nach dieser Analogie hin die Gattung *Quercus* hier nicht angenommen werden. Es kommen aber in dieser artenreichen Gattung noch andere Analogien zu unserem Fossil vor, die nicht übergangen werden dürfen. *Quercus Phellos* L., Ett. Blattsk. d. Dicotyledonen, Taf. 4, Fig. 6, zeigt die gleiche derbe Textur, dieselbe Randbeschaffenheit, nahezu die Stärke des Primärnervs und dieselbe Distanz wie unser Fossil, hat jedoch eine abgerundet-stumpfe Spitze und spitzere Ursprungswinkel der Secundärnerven. Ferner ist die Lamina viel kürzer, und wenn auch bei anderen Blattexemplaren der *Quercus Phellos* eine Verschmälerung vorkommt, so erreicht dieselbe nicht die unseres Fossils. Das Blatt der *Quercus undulata* Benth., Ett. Apetalen, Taf. 9, Fig. 5, besitzt eine Zuspitzung der Lamina, welche der des beschriebenen Fossils, mit welchem es die Textur und Randbeschaffenheit theilt, nahekommt. Der Primärnerv hat fast die gleiche Stärke, und wenigstens die unteren Secundärnerven zeigen dieselbe Distanz wie bei diesem. Aber die Abgangswinkel und die Verzweigung der letzteren, sowie die breitere Form der Lamina sind verschieden. Letztere erreicht auch nicht die erwähnte allmälige Verschmälerung der Spitze. *Quercus fenestrata* Roxb., Ett. l. c., Taf. 9, Fig. 14, und andere ostindische *Quercus*-Arten theilen Textur, Randbeschaffenheit, nahezu die Zuspitzung der Lamina und die Distanzen der Secundärnerven mit unserem Fossil, unterscheiden sich jedoch durch die auffallend bogenläufigen, unter etwas spitzeren Winkeln entspringenden Secundärnerven und durch die breitere, nicht allmälig verschmälerte Lamina. Diese Analogien aus der Gattung *Quercus* mit unserem Fossil können daher noch weniger als die erstgenannte bei der Bestimmung desselben massgebend sein.

Anders verhält es sich mit den Analogien aus der Gattung *Ficus*. Hier finden wir in den Blättern von *F. angustifolia* H. B. S., Ett. Blattsk. d. Apetalen, Taf. 16, Fig. 8; *F. cuspidata* H. B. S., Ett. l. c., Fig. 9, 10; *F. pulchella* Schott, Ett. l. c., Taf. 17, Fig. 2 und *F. nervifolia* H. B. S., Ett. l. c., Taf. 20, Fig. 4, eine auffallende Übereinstimmung in der Form der Lamina, insbesondere in der allmäligen Verschmälerung gegen die Spitze zu, in den stumpferen Ursprungswinkeln und in den Schlingenbildungen der Secundärnerven. Zu dieser Übereinstimmung zählt noch der ungezähnte Blattrand. Man könnte nun darauf hin schon annehmen, dass unser Fossil zu *Ficus* gehöre, wenn nicht wegen der Abweichung in einigen anderen Blatt-merkmalen dagegen Bedenken sich erheben würden. Die erwähnten *Ficus*-Arten haben nämlich eine dünne, krautartige Blatt-Textur und die Secundärnerven zeigen bei ihnen bedeutend grössere Distanzen und viel stärker hervortretende, wenig gebogene, daher dem Rande nahezu parallellaufende Schlingenbogen. Es kommen allerdings viele *Ficus*-Blätter vor, die eine lederartige Textur und mehr genäherte Secundärnerven aufweisen, aber dieselben unterscheiden sich von unserem Fossil durch andere Merkmale noch wesentlicher. So hat z. B. *F. adhatodaefolia* Schott, Ett. l. c., Taf. 18, Fig. 1, welcher eine lederartige Textur und weniger hervortretende, dem Rande kaum parallellaufende Schlingenbogen zukommen, viel grössere und breitere Blätter, deren Secundärnerven stark gebogen sind und entfernter von einander abstehen; *F. americana* Au bl., Ett. Blattskel. d. Dicotyledonen, Taf. 7, Fig. 4, 6, und *F. laurifolia* H. B. S., Ett. l. c., Taf. 11, Fig. 5, ebenfalls eine derbere Blattbeschaffenheit und zugleich genäherte Secundärnerven zeigend, weichen aber durch auffallend ungleiche, starke und geschlängelte Secundärnerven, die bei *F. americana* unter spitzeren Winkeln entspringen, von unserem Fossil wesentlich ab. Durch die letzteren Merkmale, zu denen noch die grössere Distanz der Secundärnerven kommt, unterscheidet sich von diesem auch das sonst in der Textur und Blattform übereinstimmende *Brosimum microcarpum* H. B. S., Ett. Blattsk. d. Apetalen, Taf. 21, Fig. 1.

Unter den Laurineen treten uns einige in den Merkmalen der Form, Nervation und Textur des Blattes unserem Fossil mehr oder weniger nahekommende Arten entgegen, ohne dass wir uns für eine Gattung der-selben oder auch nur für die Ordnung im Allgemeinen zu entscheiden vermochten. *Nectandra angustifolia* Nees, Ett. Blattsk. d. Apetalen, Taf. 31, Fig. 6, 7, *Tetranthera lanzifolia* Jacq., Ett. l. c., Taf. 31, Fig. 5, *Oreodaphne-* und *Laurus-*Arten l. c., Taf. 33, Fig. 3—5, 7, theilen zwar die schmale Form und die Textur der Lamina, die Randbeschaffenheit und den Charakter der Nervation mit unserem Fossil; allen Blättern dieser Arten fehlt aber die lange, allmälige Zuspitzung; die Secundärnerven sind in grösseren Entfernungen von einander gestellt und mehr bogenförmig gekrümmt, oft stärker schlängelig. Wenn auch das Blatt von *Daphnidium bifarium* Nees, Ett. l. c., Taf. 35, Fig. 6, zugespitzt erscheint, so passt es nach den Mer-malen seiner Secundärnerven ebenso wenig zu unserem Fossil, wie die vorgenannten Laurineen.

Die Apocynaceen nehmen bei der Bestimmung unseres Fossils besondere Aufmerksamkeit in Anspruch. *Raunolfia nitida* L., Ett. Blattsk. d. Dicotyledonen, S. 74, Fig. 40, eine tropische Art Westindiens, theilt mit demselben fast alle Eigenschaften des Blattes. Als einzigen wesentlichen Unterschied haben wir die weniger derbe Textur und deshalb auch die etwas schwächeren Primär- und Secundärnerven zu verzeichnen. Letz-tere erreichen den Ursprungswinkel von 90°. Die gleiche grosse Annäherung des Blattes zu unserem Fossil weiset *Hunteria corymbosa* Roxb., Ett. l. c., Fig. 38, eine chinesische Art dieser Ordnung auf, für welche auch derselbe Unterschied Geltung hat wie bei der vorigen; die Secundärnerven haben hier etwas spitzere Ursprungswinkel. Den Mangel einer ausgesprochen derben Blattsubstanz ersetzt hier *Aspidosperma oblon-gifolia* DC., Ett. l. c., Taf. 28, Fig. 6, eine tropisch-amerikanische Art, die auch alle übrigen Blatteigen-schaften mit unserem Fossil theilt, mit Ausnahme der etwas breiteren Lamina und des Mangels einer Zu-spitzung derselben. Den genannten Arten schliessen sich als bedeutende Annäherungen zu demselben noch an: *Ochrosia maculata* Jacq., Ett. l. c., Taf. 27, Fig. 6; die Blattsubstanz ist jedoch etwas dünner, und in demselben Verhältnisse feiner sind die Secundärnerven; die Lamina ist an der Spitze wenig verschmälert; *Alstonia macrophylla* Wall., Ett. l. c., Taf. 30, Fig. 4, hat eine breitere Lamina und die Spitze wie bei der vorigen, dann eine etwas grössere Distanz der mehr gebogenen Secundärnerven; *Allamanda verticillata* Desf., Ett. l. c., Taf. 28, Fig. 8, hat ebenfalls eine wenig verschmälerte Spitze bei breiterer Lamina und etwas ungleiche, mehr geschlängelte Secundärnerven. In den übrigen nicht erwähnten Merkmalen herrscht bei allen genannten Arten die vollste Übereinstimmung mit dem Fossil. Zu erwähnen sind endlich noch einige *Tabernaemontana-*Arten, Ett. l. c., Taf. 29, Fig. 4 und 8, deren Blätter jedoch durch die dünne Textur und die grössere Distanz der Secundärnerven abweichen.

Von den Gamopetalen sind noch *Rhododendron-*Arten (*R. azaloides* Desf., Ett. Blattsk. d. Dicotyle-donen, Taf. 38, Fig. 10; Taf. 43, Fig. 2), als mit unserem Fossil in Textur, Form und Nervation des Blattes sehr analog, in Betracht zu ziehen. Bei genauerer Vergleichung aber findet man bei ersterer mehr geschlängelte und viel feinere Secundärnerven, dann eine nach der Spitze schneller verschmalerte Lamina, Eigenschaften, welche letzterem fremd sind.

Einige Anonaceen (s. _Anona Ghista_ H. B. S., Ett. l. c., Taf. 47, Fig. 10) haben längliche, ganzrandige Blätter von mehr oder weniger derber Textur, welche hierin dem beschriebenen Fossil nahe kommen, unterscheiden sich aber von demselben durch entfernter stehende, bogenläufige Secundärnerven, eine breitere Lamina und den Mangel einer längeren Verschmälerung gegen die Spitze zu. Diese Analogie ist zu gering, um hier Berücksichtigung zu finden, musste aber zur Vollständigkeit der Begründung der Bestimmung doch aufgenommen werden.

Kiehnerera excelsa St. Hil., Ett. l. c., Taf. 54, Fig. 11, besitzt lederartige, längliche, ganzrandige Blätter mit mächtig hervortretendem Primär- und unter wenig spitzem oder fast rechtem Winkel entspringenden Secundärnerven, die in derselben Distanz von einander abstehen, wie bei unserem Fossil, wodurch eine bemerkenswerthe Annäherung zu demselben hervorgebracht erscheint. Jedoch liegt ein bedeutender Unterschied von demselben in der Form der Lamina, welche in der Nähe der Spitze am breitesten ist und in den bogenläufigen Secundärnerven. Wir können daher auf diese Analogie, obgleich dieselbe viel grösser zu sein scheint als die vorhergehende, noch keine Rücksicht nehmen.

Die Theilblättchen von Cedrela (s. Ett. l. c., Taf. 55, Fig. 1, 4, 7; Taf. 56, Fig. 2) zeigen in der Form ihres Laminartheiles und in den Distanzen der Secundärnerven eine Ähnlichkeit mit unserem Fossil, die aber, abgesehen von der stets mehr oder weniger hervortretenden Assymmetrie, kaum beachtenswerth ist, da ein viel grösserer Unterschied von demselben in ihrer dünneren, fast krautartigen Textur und in der bogenläufigen Nervation besteht.

Das Gleiche gilt von den Theilblättchen von _Sapindus_ (s. Ett. l. c., S. 144, Fig. 116; S. 146, Fig. 123), obwohl hier die bei manchen Arten derbere Textur eine grössere Annäherung hervorbringt.

Einige _Dodonaea_-Arten mit grösseren, einfachen Blättern (s. _Dodonaea viscosa_ L., Ett. l. c., Taf. 62, Fig. 9 und 10; _D. salicina_ DC., Ett. l. c., Fig. 3) kommen bezüglich dieser dem beschriebenen Fossil in der Form und allmäligen Zuspitzung der Lamina und in der Nervation nahe, haben aber eine krautartige Textur und erreichen beiweitem nicht die Grösse der Lamina desselben. Andere Dodonaea-Arten, die eine derbere, lederartige Blattbeschaffenheit besitzen, wie _D. attenuata_ A. Cunn., _D. platyptera_ F. Muell., _D. triangularis_ Lindl., _D. Baueri_ Endl. weichen aber in den übrigen Blattmerkmalen so sehr ab, dass sie hier nicht in Betracht kommen können.

Einige _Pittosporum_-Arten, z. B. _P. undulatum_ Vent., Ett. l. c., Taf. 63, Fig. 17, erreichen die Textur, Form und Randbeschaffenheit des Blattes unseres Fossils, weichen aber durch ungleiche, geschlängelte und verhältnissmässig feinere Secundärnerven von demselben wesentlich ab.

Mabea Piriri Aubl., Ett. l. c., Taf. 72, Fig. 2, 10, hat längliche Blätter, welche in der Textur, Randbeschaffenheit und Nervation unserem Fossil nahe kommen, aber von demselben in wesentlichen Merkmalen, wie der plötzlich vorgezogenen Blattspitze, den stark hervortretenden, doppelreihigen Schlingenmaschen und den ungleichen Secundärnerven abweichen.

Anaphrenium longifolium Bernh., Ett. l. c., Taf. 77, Fig. 10, gleicht bezüglich seiner auffallend steifen, lederartigen Textur, der länglichen, ganzrandigen Lamina und der genäherten, hervortretenden Secundärnerven unserem Fossil nicht wenig, ist aber wegen des ungleichmässigen Verlaufes dieser Nerven und der abgerundet stumpfen Spitze der Lamina von demselben zu sehr verschieden, als dass es mit den oben angeführten Ähnlichkeiten aus den Ordnungen der Moreen und Apocynaceen in Concurrenz treten könnte.

Mangifera indica L., Ett. l. c., S. 180, Fig. 189, in der Textur des Blattes, in der schmalen, länglichen, ganzrandigen Form, dem mächtigen Primärnerven und den Ursprungswinkeln der Secundärnerven mit unserem Fossil viel übereinstimmend, weicht aber durch den Mangel einer allmäligen Verschmälerung der Lamina und durch die entfernterer Stellung der bogenläufigen Secundärnerven ebenso von demselben ab.

Die Theilblättchen mancher _Simaba_-Arten (s. Ett. l. c. S. 180, Fig. 186) zeigen bezüglich ihrer lederartigen Textur, der länglichen, ganzrandigen Form und der unter wenig spitzem oder fast rechtem Winkel abgehenden, schlingenbildenden Secundärnerven eine auffallende Annäherung zu unserem Fossil. Sie unterscheiden sich aber von demselben wesentlich durch die meist abgerundet-stumpfe, kaum verschmälerte Spitze und die ungleichen Secundärsegmente.

Die sorgfältige Prüfung der im Obigen auseinandergesetzten Analogien aus der Jetztflora führte mit der meisten Wahrscheinlichkeit zu den Apocynaceen. So gross aber die Annäherungen von Arten verschiedener Gattungen hier erscheinen, so konnte keine ausfindig gemacht werden, bei welcher eine volle Übereinstimmung in allen Eigenschaften des Blattes mit dem Fossil ausgesprochen wäre. Hingegen macht sich geltend, dass diese geforderte Übereinstimmung auf mehrere Arten verschiedener Gattungen vertheilt ist, so dass sich die Analogien zum Fossil hin gewissermassen ergänzen. Es kann also dasselbe einer Gattung angehören, welche die Eigenschaften einiger jetztweltlicher in sich vereinigte und daher die Bezeichnung als *Apocynophyllum* auch in phylogenetischer Beziehung als passend erscheint.

Von den Analogien, welche unser Fossil in der Flora der Vorwelt findet und die hier ebenfalls in systematischer Ordnung folgen, sind selbstverständlich die der Kreideflora angehörenden besonders wichtig. Die Mehrzahl enthält die Gattung *Ficus*. Aus der Kreideflora der arctischen Zone kommt *F. alarina* Heer a. a. O. III. Bd., Taf. 30, Fig. 1—8 und VI. Bd., Taf. 19, Fig. 1; Taf. 20, Fig. 1, 2, demselben bezüglich der lanzettlichen Form, des mächtigen Primärnervs und der zahlreichen, genäherten, schlingenbildenden Secundärnerven nahe, unterscheidet sich aber durch die verhältnissmässig zarteren, unter spitzeren Winkeln entspringenden Secundärnerven, die geringere Verschmälerung der Spitze und die anscheinend dünnere Textur des Blattes. Die nordamerikanische Kreideflora enthält zwei unserem Fossil mehr oder weniger nahekommende *Ficus*-Arten. *F. lancophylla* Lesq. l. c. Bd. VIII. Taf. 1, Fig. 12, 13, theilt die lederartige Textur, Blattform und den Charakter der Nervation mit demselben, weicht jedoch durch feinere und ungleiche Secundärnerven, deren Distanzen kaum 3 *mm* erreichen, von demselben ab, während *F. Beckwithii* Lesq. l. c., Taf. 16, Fig. 5; Taf. 17, Fig. 3, 4, bei sonst übereinstimmenden Merkmalen durch bogenläufige Secundärnerven und eine dünnere Textur des Blattes von demselben verschieden ist. Aus der Flora der böhmischen Kreideformation hat Velenovský zwei *Ficus*-Arten beschrieben, welche in der derben, lederartigen Textur, der Form des Blattes und in dem Charakter der Nervation mit unserem Fossil übereinstimmen. Beide Arten unterscheiden sich aber von demselben durch unter viel spitzeren Winkeln entspringende Secundärnerven, während *F. elongata* Vel. l. c. Taf. 12, Fig. 4, sich noch durch die entferntere Stellung dieser Nerven und *F. fracta* Vel. l. c. Taf. 31, Fig. 15, durch die stärkere Verschmälerung der Lamina gegen die Basis zu unterscheidet. Aus der Flora der Westfälischen Kreideformation, Palaeontogr. l. c. nähern sich bezüglich der Textur, Blattform und Nervation vier *Ficus*-Arten unserem Fossil: *F. longifolia* Hos. l. c. XVII. Bd., Taf. 15, Fig. 17, 18, unterscheidet sich aber durch entfernter stehende, stärkere und mehr gebogene Secundärnerven: *F. angustifolia* Hos. l. c. Fig. 21, 22, mit der vorigen sehr nahe verwandt, vielleicht ident, durch die gleichen Merkmale und die stumpfe, kaum verschmälerte Spitze; *F. laurifolia* Hos. et v. d. Marck l. c. XXVI. Bd., Taf. 25, Fig. 13, durch eine breitere Lamina und bogenläufige, von einander entfernter stehende Secundärnerven; *F. densinervis* Hos. et v. d. Marck l. c. Fig. 10, 11, nur durch die breitere Lamina und etwas bogenförmige Secundärnerven von demselben. Die von Heer in der ›Kreideflora von Moletein‹, Taf. 5, Fig. 3—6, abgebildete *Ficus Krausiana* endlich weicht von unserem Fossil durch die viel zarteren Secundärnerven, welche unter spitzeren Winkeln abgehen und die anscheinend dünnere Textur des Blattes ab, während diese Art die lange Verschmälerung der Lamina gegen die Spitze zu und die Stellung der schlingenbildenden Secundärnerven mit demselben theilt. Wir können daher keine der oben aufgezählten *Ficus*-Arten als mit unserem Fossil näher verwandt bezeichnen.

Zwei zu *Salix* gebrachte Kreidepflanzen haben die Form und Randbeschaffenheit der Lamina, zum Theil die lederartige Consistenz und die gedrängte Stellung der Secundärnerven mit unserem Fossil gemein. Sie unterscheiden sich aber von demselben, und zwar *S. protaefolia* Lesq. l. c. VI. Bd., Taf. 5, Fig. 1—4; VIII. Bd., Taf. 1, Fig. 14—16; Taf. 16, Fig. 3, aus der amerikanischen Kreideflora durch die unter spitzeren Winkeln entspringenden, wie es scheint, zarten Secundärnerven und die viel kleinere und schmälere Lamina

S. perneensis Vel. l. c., Taf. 28, Fig. 1—3, durch die mehr krautartige Textur des Blattes, den schwächeren Primärnerven und die feinen, mehr bogenförmigen und unter spitzeren Winkeln abgehenden Secundärnerven.

Zu den Kreideanalogien unseres Fossils zählen mehrere Laurus-Arten. Die Blätter theilen die Form und Randbeschaffenheit des Blattes, weniger aber die Nervation und Textur mit demselben und unterscheiden sich, und zwar drei Arten aus den Atane-Schichten, L. plutonia Heer, Foss. Flora d. arct. Zone. VI. Bd., Taf. 19, Fig. 1d, 2—4; Taf. 20, Fig. 3a, 4—6; Taf. 28, Fig. 10, 11; VII. Bd., Taf. 62, Fig. 1a, durch die unter spitzeren Winkeln entspringenden, sehr feinen und ungleichen Secundärnerven und eine dünnere Textur; L. angusta Heer l. c. VI. Bd., Taf. 20, Fig. 1b, 7; Taf. 43, Fig. 1c, durch die gleichen Merkmale und eine schmälere Lamina; L. Hollae Heer l. c. Taf. 45, Fig. 3, durch einen dünneren Primärnerven, entfernter von einander stehende feine Secundärnerven und eine breitere Lamina; ferner zwei Arten aus der nordamerikanischen Kreide, L. nebrascensis Lesq. l. c. VI. Bd., Taf. 28, Fig. 14, durch viel spitzere Ursprungswinkel der bogenläufigen Secundärnerven, und L. modesta Lesq. l. c. VIII. Bd., Taf. 16, Fig. 4, durch dieselben Merkmale und die anscheinend dünnere Textur des Blattes; endlich eine Art aus der Flora der Böhmischen Kreideformation, und zwar L. affinis Vel. l. c. Taf. 28, Fig. 4, 5, 7, 8, durch die zarteren, stark gebogenen Secundärnerven, die in grösseren Distanzen von einander stehen. Keine dieser Analogien spricht dafür, dass unser Fossil zu Laurus gehöre.

Aus der Kreideflora von Niederschoena ist Apocynophyllum cretaceum m., l. c. Taf. 3, Fig. 19, zu erwähnen, welches die Textur und Form des Blattes, insbesondere die allmälige Verschmälerung gegen die Spitze zu mit unserem Fossil theilt, sich aber durch feinere, unter weniger spitzen Winkeln entspringende Secundärnerven von demselben unterscheidet. Die Stellung derselben kann wegen der Unvollständigkeit der Erhaltung des Fossils nicht ermittelt werden, daher die nähere Verwandtschaft desselben mit unserem Fossil nicht ausgeschlossen ist. Sehr nahe verwandt ist Apocynophyllum longum Heer sp. insbesondere wegen der stumpferen Abgangswinkel dieser Nerven und nur durch die schmälere Lamina, sowie die zarteren Secundärnerven von unserem Fossil verschieden. Die von Heer als Proteoides longus (arct. foss. Flora, III. Bd., Taf. 31, Fig. 4) und Myrica longa (a. a. O. VI. Bd., Taf. 18, Fig. 9b und Taf. 41, Fig. 4d) bezeichneten Blattfossilien, welche sich von den übrigen so benannten Resten durch die Nervation unterscheiden, halte ich für Apocynaceen-Reste und vereinige dieselben unter obigem Namen.

Entferntere Analogien aus der Kreide, welche der Vollständigkeit in der Begründung der Bestimmung unseres Fossils hier noch aufzunehmen sind, bieten die folgenden Arten. Die Theilblättchen von Dnralquea haldemiana Sap. et Mar. var. angustifolia Hos. et v. d. Marck, Flora der Westfälischen Kreideformation l. c. XXVI. Bd., Taf. 33, Fig. 116 und 117; Taf. 34, Fig. 118—122 und var. latifolia l. c., Taf. 34, Fig. 115; Taf. 35, Fig. 114, dann Heer in der Flora der arct. Zone, VII. Bd., Taf. 62, Fig. 2—4, stimmen nur in der Textur und zum Theile in der Form mit demselben überein, unterscheiden sich aber durch unter spitzeren Winkeln entspringende, entfernter stehende und mehr oder weniger bogenförmige Secundärnerven. Ebenso leicht unterscheiden sich von unserem Fossil die in der länglichen, zugeschmälerten Form und in der Randbeschaffenheit mit demselben übereinstimmenden Theilblättchen von Sapindus Morrisoni Lesq. l. c. VIII. Bd., Taf. 16, Fig. 1, 2, und in Heer Foss. Flora d. arct. Zone, VI. Bd., Taf. 40, Fig. 1; Taf. 41, Fig. 3; Taf. 43, Fig. a, b; Taf. 44, Fig. 7, 8; VII. Bd., Taf. 65, Fig. 5, und von S. prodromus Heer l. c. VI. Bd., Taf. 25, Fig. 5b; Taf. 26, Fig. 5a durch die zartere Textur und die feineren, bogenläufigen Secundärnerven.

Myrtaceen der Kreideflora, obgleich bezüglich der derben Textur und der Form des Blattes mit unserem Fossil übereinstimmend, weichen in der Nervation von demselben wesentlich ab, so Myrtophyllum Geinitzii Heer, Kreideflora von Moletein, Taf. 11, Fig. 3, 4, durch die unter viel spitzeren Winkeln entspringenden, feineren und geschlängelten Secundärnerven; Eucalyptus Geinitzii Heer l. c. VI. Bd., Taf. 19, Fig. 1c; Taf. 46, Fig. 12, 13, und, von dieser Art vielleicht nicht verschieden, E. borealis Heer l. c. Taf. 16, Fig. 14, durch dieselben Merkmale und die ungleiche und mehr genäherte Stellung dieser Nerven; E. inaequilatera v. d. Marck, Kreidepflanzen, Paleontogr. XI. Bd., Taf. 13, Fig. 1, durch die am Ursprunge divergirend und im weiteren Verlaufe convergirend gebogenen, mehr genäherten Secundärnerven; endlich E. haldeniana Deb.

in Hos. et v. d. Marck l. c. XXVI. Bd., Taf. 35, Fig. 125—128, durch die gedrängt stehenden, unter spitzeren Winkeln abgehenden Secundärnerven.

Die Umschau nach Analogien unseres Fossils in der Flora der Tertiärperiode führt der Reichhaltigkeit derselben entsprechend zu zahlreicheren Fällen, besonders in den Gattungen *Quercus, Ficus* und *Laurus.*

Was die Analogien von *Quercus* betrifft, so sind zwei Arten aus der Eocänflora Australiens vor Allem bemerkenswerth, deren Blätter in der Textur, Form und Randbeschaffenheit mit demselben übereinstimmen. *Quercus Hookeri* m. l. c. I, Taf. 2, Fig. 5, 6, unterscheidet sich jedoch durch ungleiche, feinere und geschlängelte, *Q. Wilkinsoni* m. l. c. II, Taf. 9, Fig. 16 durch genäherte, unter spitzeren Winkeln entspringende Secundärnerven. An unser Fossil schliesst sich in den gleichen Merkmalen wie die vorigen und zum Theile auch in der Nervation eine Eichenart aus der Eocänflora des Pariser Beckens, *Q. bifurcata* Wat l. c. Taf. 35, Fig. 9, ist jedoch durch die mehr bogenförmigen, ästigen Secundärnerven und die schmälere Lamina von demselben verschieden. *Q. Seyfriedii* Heer, Tertiärflora der Schweiz, Taf. 75, Fig. 17, deren Blatt eine auffallende Übereinstimmung in fast allen Eigenschaften mit dem der *Q. bifurcata* zur Schau trägt, kommt daher auch unserem Fossil in dieser Beziehung nahe, unterscheidet sich aber von demselben durch feinere und kürzere Secundärnerven, sowie durch die viel schmälere Lamina. *Quercus elaena* Ung. Chlor. protogaea, Taf. 31, Fig. 4, und Heer, Tertiärflora der Schweiz, II. Bd., Taf. 74, Fig. 11—15; Taf. 75, Fig. 1, sowie Saporta in Études sur la végétation du sud-est de la France à l'époque tertiaire, III. Taf. 5, Fig. 2, können gleich den übrigen ungezähnten Formen der *Q. Palaeo-Ilex* wegen der feineren Secundärnerven und der geringen Verschmälerung der Lamina gegen die Spitze zu mit unserem Fossil nicht verwechselt werden. Näher steht demselben das von Heer im IV. Bd. der fossilen arctischen Flora, Taf. 15, Fig. 8, abgebildete Exemplar aus der fossilen Flora Spitzbergens, von dem es aber zweifelhaft ist, ob es zu *Q. elaena* gehört. Dasselbe ist jedoch durch die anscheinend dünne Textur und die unter spitzeren Winkeln abgehenden Secundärnerven verschieden. Weiter entfernt stehen die von Heer als *Q. nereifolia* (Tertiärfl. d. Schweiz II. Bd., Taf. 74, Fig. 1—7) bezeichneten Blattfossilien, deren Secundärnerven fein und ungleich sind, wie bei denen der *Myrica lignitum* Ung., mit welchen sie auch in allen übrigen Eigenschaften so sehr übereinstimmen, dass ich an der Gleichartigkeit dieser Fossilien keineswegs zweifle. Nach obigen Vergleichungen kann unser Fossil einer tertiären *Quercus*-Art nicht als nahe verwandt angereiht werden.

Von *Ficus*-Arten haben wir Blattähnlichkeiten aus den Tertiärfloren der Schweiz, von Bilin, Sagor, des Pariser Beckens und Nordamerikas mit unserem Fossil zu vergleichen. *F. multinervis* Heer, Tertiärfl. der Schweiz, II. Bd., Taf. 81, Fig. 6—10, theilt mit demselben nur die Textur und Form des Blattes, während die Nervation hauptsächlich durch die sehr zarten Secundärnerven wesentlich abweicht. Dasselbe gilt auch von den aus der fossilen Flora von Bilin l. c. Taf. 20, Fig. 5, 6, abgebildeten Exemplaren. In letzterer Beziehung gleicht unser Fossil mehr der *F. arcinervis* Heer l. c. Taf. 82, Fig. 4, welche aber durch die entfernter von einander stehenden, schlingenbildenden Secundärnerven, deren Ursprungswinkel viel spitzer sind, dann durch die gegen die Spitze wenig verschmälerte Lamina von demselben abweicht. *Ficus lanceolata* Heer l. c. Taf. 81, Fig. 2—6, verräth zwar eine lederartige Textur, weicht aber durch die breitere, nur gegen die Basis zu allmälig verschmälerte Lamina und die bogenförmigen, entfernt von einander stehenden Secundärnerven ab. Nur ein Exemplar aus dem Kesselsteine Öningens, welches Heer l. c. Bd. III, Taf. 152, Fig. 13, abgebildet hat und das vielleicht einer anderen Art angehört, nähert sich in seiner Form und Nervation auffallend unserem Fossil, weicht aber doch durch zartere, noch etwas bogenförmige Secundärnerven ab. Ebenso verhält es sich mit den von Lesquereux l. c. Taf. 28, Fig. 1—3, abgebildeten Blattfossilien aus der nordamerikanischen Tertiärflora, die eher mit dem erwähnten Blatte aus dem Kesselsteine als gleichartig verbunden werden können. An diese Formen schliessen sich *F. lanceolato-acuminata* m. Foss. Flora von Sagor, l. c. I, Taf. 6, Fig. 3, 4, und *F. Lobkowitzii* m., Foss. Flora von Bilin, l. c. I, Taf. 20, Fig. 1 *a* und *b*, erstere durch die bogenläufigen, letztere durch die entfernter gestellten Secundärnerven von unserem Fossil abweichend; endlich *F. propinqua* Wat. l. c. Taf. 43, Fig. 3 und *F. anastomosa* Wat. l. c. Fig. 2, beide wahrscheinlich zu einer Art gehörig und von unserem Fossil durch die breitere Lamina und die bogenförmigen Secundärnerven verschieden.

Obgleich einige der oben genannten *Ficus*-Arten unserem Fossil viel näher kommen als die *Quercus*-Arten, so kann dieses doch nicht mit Wahrscheinlichkeit zur ersteren Gattung gebracht werden.

Wegen der lanzettlichen, gegen die Spitze zu allmälig verschmälerten, ganzrandigen Lamina könnten einige *Salix*-Arten der Tertiärflora mit unserem Fossil verglichen werden; dieselben weichen aber bei genauerer Betrachtung durch die zarte Textur und die bogenförmigen Secundärnerven davon wesentlich ab, so z. B. *Salix elongata* O. Web. Tertiärfl. d. niederrheinischen Braunkohlenformation. Palaeontogr. II. Bd., Taf. 2, Fig. 10, und Lesquereux l. c. VII. Bd., Taf. 22, Fig. 7; *S. longa* Heer, Nachträge z. foss. Flora Grönlands, l. c. III. Bd., Taf. 4, Fig. 7—10; *S. media* Lesq. l. c. f. 3; *S. deperdita* Wat. l. c. Taf. 49, Fig. 1—3, diese Arten auch durch die grösseren Distanzen der Secundärnerven von unserem Fossil verschieden; ferner *S. angusta* Lesq. l. c. Fig. 4, 5, und *S. creberrima* Wat. l. c. Fig. 5, 6, nebstbei durch die genäherten Secundärnerven von diesem abweichend.

Eine grössere Annäherung zu unserem Fossil zeigen *Laurus*-Arten der Tertiärflora, was sich jedoch hauptsächlich auf die Form, Randbeschaffenheit und Textur des Blattes beschränkt. *L. Omalii* Sap. et Mar. Essai sur l'état de la végétation a l'époque des Marnes Heersiennes de Gelinden, Taf. 6, Fig. 1; Révision, Taf. 10, Fig. 4—7, und *L. heersiensis* Sap. et Mar. l. c. Fig. 3 sind durch eine breitere Lamina und bogenförmige, ungleiche Secundärnerven von demselben verschieden. Die von F. Unger in der Fossilen Flora von Kumi , Denkschriften XXVII. Bd., Taf. 8, Fig. 1—7, und die von Lesquereux, Tertiary Flora, Taf. 36, Fig. 5, 6, 8 abgebildeten und als *Laurus primigenia* bezeichneten Blätter, sowie *L. salicifolia* Lesq. in Report etc., VIII. Bd., Taf. 58, Fig. 4, haben zwar eine schmälere Lamina, jedoch ebenfalls ungleiche Secundärnerven, die überdies durch ihre Zartheit von denen unseres Fossils sich unterscheiden. *L. subprimigenia* Sap. Prodrome d'une flore foss. des travertins anciens de Sézanne, Taf. 29, Fig. 7, und *L. assimilis* Sap. l. c. Fig. 6 haben wie die echte *L. primigenia* feine, entfernter stehende, mehr oder weniger bogenförmige Secundärnerven. *L. belenensis* Wat. l. c. Taf. 52, Fig. 1, und die vielleicht mit dieser gleichartige *L. deperdita* Wat. l. c. Fig. 8, sind durch eine breitere Lamina und entfernter stehende, bogenförmige Secundärnerven; *L. Reussii* m., foss. Flora v. Bilin, II. Taf. 31, Fig. 5, 11 und Heer, fossile arct. Flora, VI. Bd., Nachträge, Taf. 3, Fig. 14; VII. Bd., Taf. 77, Fig. 1—7, durch das letztere Merkmal und die Zartheit der Secundärnerven; *L. ocoteaefolia* m. foss. Flora von Sagor, l. c. Taf. 9, Fig. 9, und *L. ocoteoides* Lesq. Report etc., VII. Bd., Taf. 36, Fig. 10, durch die unter spitzeren Winkeln aufsteigenden Secundärnerven von unserem Fossil verschieden.

Die grösste Annäherung in der Mehrzahl der Analogien unter den fossilen Pflanzen zeigen zu unserem Fossil die Apocynaceen. Die Analogien vertheilen sich auf die Gattungen *Apocynophyllum*, *Neritinium*, *Plumeria*, *Tabernaemontana* und *Echitonium* und die fossilen Floren von Radoboj, Kumi, Sagor, Leoben, Monte Promina, Schönegg, die Tertiärfloren der Schweiz, von Senigallia, Sézanne, des Pariser Beckens und Australiens. Alle Analogien stimmen in der lanzettlichen Form der ganzrandigen Lamina, den zahlreichen, aber nicht genäherten, unter wenig spitzem oder rechtem Winkel entspringenden Secundärnerven, den gekrümmten Randschlingen, manche auch in der lederartigen Textur des Blattes, in dem mächtig hervortretenden Primär- und dem geraden Verlauf der Secundärnerven mit unserem Fossil überein. Doch ist bei keiner Art eine vollständige Übereinstimmung der Merkmale mit demselben ausgesprochen. Diese analogen Arten sind: *Apocynophyllum Mac Kinlayi* m. Beiträge z. Tertiärfl. Australiens, II. Taf. 13, Fig. 6, 7; *A. Warburtoni* m. l. c. Fig. 8; *A. helveticum* Heer, Tertiärfl. d. Schweiz, III. Bd., Taf. 154, Fig. 2, 3; *A. plumeriaefolium* m. Foss. Flora v. Monte Promina, Denkschriften, VIII. Bd., Taf. 9, Fig. 11; *A. balticum* Heer, Miocäne Baltische Flora, Taf. 9, Fig. 10; *A. Reussii* m. Foss. Flora v. Sagor, II. Taf. 11, Fig. 21, 22; Foss. Flora v. Leoben, II. Taf. 5, Fig. 21—24; *A. acuminatum* O. Web. l. c. Taf. 4, Fig. 2; *A. Rutulorum* Massalongo, Studii sulla flora fossile del Senigalliese, Taf. 30, Fig. 5; *Neritinium longifolium* Ung. Foss. Flora v. Kumi l. c. Taf. 10, Fig. 25; *N. dubium* Ung. Sylloge plant. foss. III., t. 5, f. 5, 6; *Plumeria styriaca* m. Foss. Flora v. Leoben, II. l. c. Taf. 6, Fig. 1—3; Foss. Flora v. Schoenegg l. c. II. Taf. 6, Fig. 2; *Tabernaemontana primigenia* m. Beiträge z. Tertiärfl. Australiens, I, Taf. 4, Fig. 3; *Echitonium sezannense* Wat. l. c. Taf. 53, Fig. 17, 18; Saporta l. c. Taf. 33, Fig. 1.

Entferntere Analogien unseres Fossils fallen auf die Gattungen *Rhododendron*. *Sapindus* (Theilblättchen von *S. coriaceus* Lesq. Tertiary Flora. Taf. 40. Fig. 12—14; *S. Deatoni* Lesq. l. c. Taf. 64. Fig. 2—1. *S. angustifolius* Lesq. l. c. VIII. Bd.. Taf. 37. Fig. 1—8; *S. heliconius* Ung. Sylloge plantarum fossilium l. t. 15. f. 1—5; *S. graceus* Ung. Foss. Flora v. Kumi l. c. Taf. 12. Fig. 1—23) und *Eucalyptus*, und unterscheiden sich von unserem Fossil durch die schon bei den lebenden Analogien angegebenen Merkmale.

Da nun sowohl die jetztlebenden, als auch die fossilen Analogien unseres Fossils für die Ordnung der Apocynaceen sprechen und die Mehrzahl der letzteren auf *Apocynophyllum* fällt. so habe ich dasselbe dieser Sammelgattung einverleibt.

EBENACEAE.

Diospyros cretacea sp. n.

Taf. III, Fig. 17, 18 und 24.

D. foliis coriaceis. ovato-oblongis. integerrimis. apicem versus angustatis; nervatione camptodroma, nervo primario firmo, prominente recto, nervis secundariis tenuibus, sub angulis 50—60° orientibus distantibus, valde arcuatis, marginem versus adscendentibus; nervis tertiariis tenuissimis. e latere externo secundariorum angulo acuto, e latere interno angulo recto insertis; bacca cysuecca globosa, circa 6—10 mm in diametro.

Fundorte: Ipswich Road, gegenüber der Bahnstation Warragh (Loc. IV); Bahneinschnitt zwischen den Stationen Warragh und Oxley (Loc. VII).

Das Blattfossil Fig. 17 lässt sich zu einer eiförmig-länglichen, ganzrandigen Lamina ergänzen, welche gegen die Spitze zu stark verschmälert ist. Es wird von einem ziemlich festen, geraden, hervortretenden Primärnerven und feinen, gebogenen, den Blattrand etwas hinaufziehenden und daselbst geschlängelten Secundärnerven durchzogen, welche in Distanzen von 11—19 mm von einander abstehen und unter wenig spitzen Winkeln entspringen. Die sehr feinen Tertiärnerven konnten nur an einer Stelle deutlich wahrgenommen werden; sie sind an der Aussenseite der secundären unter spitzem, an der Innenseite derselben aber unter rechtem Winkel eingefügt.

Sehr ähnliche Blattfossilien begegnen wir sowohl in der Kreide-, als auch in der Tertiärformation, welche sämmtlich von den Phyto-Paläontologen zur Gattung *Diospyros* gestellt worden sind. Ich erwähne als die dem beschriebenen am meisten nahekommenden *D. prodromus* Heer. Fossile Flora d. arct. Zone III. Bd., Taf. 32, Fig. 3, 4, 7; VI. Bd., Taf. 23, Fig. 9—12 aus den Ataneschichten. bei welchem jedoch die Lamina mehr eiförmig-elliptisch ist und die Entfernung der Secundärnerven 17 mm erreicht; *D. vancouverensis* Daws., Cretaceous Plants. Taf. 8. Fig. 32, aus der Kreideflora der Insel Vancouver, bei dem die Lamina rundlich-eiförmig ist und die Secundärnerven nur 4—6 mm von einander abstehen; *D. brachysepala* A. Braun in Heer's Tertiärflora d. Schweiz, III. Bd.. Taf. 102, Fig. 1—14, und *D. vetusta* Heer, Beiträge z. Sächsisch. Thüringischen Braunkohlenflora, Taf. 7, Fig. 1—6, bei denen die Tertiärnerven von der Innenseite der secundären unter stumpfen Winkeln abgehen. Die Bestimmung dieser Blattfossilien würde an und für sich nicht genügend sicher sein, wenn nicht mit denselben aus den gleichen Schichten Kelch- und Fruchtreste von *Diospyros* zum Vorscheine gekommen wären. So haben sich auch an den oben bezeichneten Localitäten IV und VII die Reste kugeliger Beerenfrüchte (s. Fig. 18 und 24) gefunden, welche ganz gut zu denen dieser Gattung passen und die Bestimmung des beschriebenen Blattfossils bestätigen.

ERICACEAE.

Andromeda australiensis n. sp.

Taf. III, Fig. 23.

A. foliis longe petiolatis. coriaceis. oblanceolatis. integerrimis; nervatione camptodroma, nervo primario valido. recto erenrrente; nervis secundariis tenuibus, sub angulis 40—50° orientibus, marginem versus furcalis, nervis tertiariis angulo recto insertis, flexuosis, mox in maculas subtilissimas dissolutis.

Fundort: Strasseneinschnitt bei Oxley (Loc. II).

Fig. 23 zeigt ein langgestieltes Blatt, dessen Abdruck eine lederartige Substanz verräth. Vom Stiele, der abgebrochen ist, liegt ein 9 *mm* langes Stück vor. Die Lamina ist verkehrt-lanzettförmig, ganzrandig. Dem verhältnissmässig mächtigen, geraden und noch kräftig auslaufenden Primärnerven sind feine Secundärnerven unter spitzen Winkeln eingefügt, die gegen den Rand zu sich gabelig theilen. Die sehr feinen Tertiärnerven entspringen beiderseits unter 90°. Das äusserst zarte, kleinmaschige Netz ist in Fig. 23 *a* vergrössert dargestellt. Am meisten Übereinstimmung mit dem beschriebenen Blattfossil hat das Blatt von *Andromeda Parlatorii* Heer, Arctische fossile Flora, III. Bd., Taf. 32, Fig. 1, 2; VI. Bd., Taf. 21, Fig. 1 *b*, 11; Taf. 12, Fig. 4 *c*: Lesquereux, Cretaceous Flora, Taf. 23, Fig. 6, 7, unterscheidet sich aber durch die Zuspitzung der lanzettförmigen Lamina nach beiden Enden und die unter noch spitzeren Winkeln abgehenden Secundärnerven. Das Blattnetz ist an den Exemplaren aus den Atane-Schichten nicht erhalten; dagegen bieten die Blätter aus der nordamerikanischen Kreide diesbezüglich gute Anhaltspunkte zur Vergleichung. Es zeigt sich hier, dass die Netzmaschen bei letzteren etwas grösser und mehr länglich sind als bei der australischen Pflanze. Eine nicht geringe Ähnlichkeit mit dieser zeigt *Andromeda narbonnensis* Sap. Études sur la végétation, Ann. des sciences natur. 1866, Taf. 8, Fig. 1; Heer, Miocäne Baltische Flora, Taf. 26, Fig. 1-4, doch ist hier keine Verbreiterung der Lamina gegen die Spitze zu wahrnehmbar und die mehr hervortretenden Netzmaschen sind grösser. Die Bestimmung der letzteren Art ist durch die Auffindung des Blüthen- und Fruchtstandes vollkommen zweifellos.

DIALYPETALAE.

ARALIACEAE.

Aralia subformosa sp. n.

Taf. IV, Fig. 4.

A. foliis longe petiolatis, subcoriaceis, trifidis, petiolo anguste alato, lobis anguste lanceolatis vel lanceolato-linearibus, apice longe acuminatis, medio basin versus attenuatis, margine serratis, sinubus et dentibus acutissimis, lobis sub angulis acutis divergentibus; nervatione actinodroma, nervis primariis prominentibus, suprabasilaribus, medio recto, lateralibus paullo divergentim arcuatis; nervis secundariis tenuissimis plerumque obsoletis.

Fundort: Oxley Road, nächst der Eisenbahnstation Oxley (Loc. I).

Eines der interessantesten Objecte der Sammlung. Das Blatt ist langgestielt; vom schmalgeflügelten Stiele ist ein 19 *mm* langes Stück erhalten. Die Textur dürfte, nach dem Abdrucke des Fossils zu schliessen, nur als dünnlederartig anzunehmen sein. Die Lamina ist tief-dreispaltig, in den geflügelten Blattstiel herabgezogen; die Lappen sind ungleich in der Länge und Breite; der mittlere, längste, lineallanzettlich, aber gegen die Basis zu stark verengt; die beiden seitlichen schmäler, lineal, sowie der mittlere lang zugespitzt. Zwischen den Lappen befindet sich eine stark verschmälerte, aber am Ursprunge abgerundete Bucht. Der Rand ist gesägt, die Zähne sind durchschnittlich 3 *mm* lang, treten jedoch wenig hervor und haben sehr spitze Buchten, welche die nach vorne gekehrten Spitzen begrenzen. Die Lappen divergiren unter Winkeln von 30-45°. Von der Nervation haben sich nur die suprabasilaren Primärnerven der Lappen und einige der sehr feinen Secundärnerven erhalten. Der Primärnerv des Mittellappens tritt stark hervor und ist geradlinig; die der Seitenlappen sind viel schwächer und verlaufen besonders am Ursprunge divergirend gebogen. Vom Blattnetze ist nichts erhalten. Es muss der Analogie mit lebenden und fossilen Arten nach angenommen werden, dass ein solches vorhanden war.

Die Bestimmung dieses Fossils unterliegt keinen Schwierigkeiten, da dasselbe eine so grosse Ähnlichkeit mit gewissen Blattformen der *Aralia formosa* Heer zeigt, dass man die Identität der Art anzunehmen geneigt sein könnte. Der Formenkreis der genannten Art hat sich seit ihrer ersten Entdeckung bedeutend erweitert und muss demselben hier eingehende Betrachtung gewidmet werden.

1. Forma **dentata**. Das von Heer in seiner »Kreideflora von Moletein«, Taf. 8, Fig. 3, abgebildete Exemplar zeigt einen 13 *mm* langen, ungeflügelten Stiel, der jedoch abgebrochen zu sein, somit nicht seine

ganze Länge zu zeigen scheint. Heer schreibt dem Blatte eine lederig-fleischige Beschaffenheit zu, wie solche bei *Aralia*-Blättern vorkommt. Darauf weisen allerdings die nicht vorspringenden, sondern ganz flachen, breiten Primärnerven hin, die, nach vorne sich allmälig verlierend, anscheinend keine Secundärnerven entsenden. Das suprabasilare Stück vor dem Abgange der Primärnerven beträgt 4 *mm*. Die Lamina ist nur wenig über die Mitte hinab in drei Lappen gespalten. Die Seitenlappen sind nicht kürzer und schmäler, sondern eher länger und breiter als der Mittellappen; die Lappen sind am Grunde etwas verschmälert, daselbst ganzrandig und erst etwa von der Mitte an gegen die stumpfliche und wenig verschmälerte Spitze zu gezähnt. Zwischen den Lappen befindet sich eine kurz verschmälerte, am Ursprunge nur stumpfliche Bucht. Die 3—6 *mm* langen Randzähne treten stark hervor und begrenzen mehr oder weniger seichte oder stumpfliche Buchten; nur die vordersten Zähne sind mehr nach vorne geneigt, was beim Mittellappen am meisten bemerkbar ist. Die Lappen divergiren unter Winkeln von 35—40°. Ob ausser den an der Basis kaum divergirenden Primärnerven wirklich keine anderen Nerven vorhanden waren, lässt sich nicht sicher entscheiden, da im ziemlich sandigen Gesteinsmateriale von Moletein die feineren Nerven sich nicht erhalten haben konnten und die lebenden *Aralia*-Arten doch auch solche besitzen.

2. Forma **crenulata.** Die von Lesquereux in Report of the United States Geological Survey, VIII. Bd., Taf. 11, Fig. 3, 4, abgebildeten Exemplare aus der Dakota Group, deren Stiele sammt Basalstück verloren gegangen sind, verrathen ebenfalls eine dickliche, lederartige Textur. Die Lamina ist ein beträchtliches Stück über die Mitte hinab in die drei Lappen gespalten, von welchen die seitlichen schmäler und länger sind als der mittlere. Dieser ist eilanzettförmig, nach der Spitze ziemlich verschmälert, gegen den Grund zu deutlich verengt, während die seitlichen lineallanzettlichen dahin kaum verschmälert erscheinen. Die Buchten zwischen den Lappen haben dieselbe Form wie bei der Obigen, nur ist die Spitze derselben mehr abgerundet. Obgleich die Basis der Lamina fehlt, sieht man an der Fig. 3 doch deutlich, dass sie mehr oder weniger flügelartig herabgezogen ist. Der Rand der Lappen ist schon fast vom Grunde an mit stumpfen Zähnen oder Kerben besetzt; diese sind 4—6 *mm* lang, treten weniger hervor und begrenzen abgerundetstumpfe Buchten. Die Richtung der Kerben ist an allen Lappen gleich und meist etwas nach vorne geneigt. Die Divergenzwinkel der Lappen betragen 40—50°. Die Primärnerven sind am Ursprunge mehr oder weniger deutlich divergirend gebogen und treten stark, der mittlere nur unbedeutend stärker hervor. Ein suprabasilares Entspringen derselben ist unzweifelhaft vorhanden, doch lässt sich die Länge des unterhalb liegenden Stückes der Lamina wegen der Unvollständigkeit der Fossilien nicht angeben. Wie bei der vorigen Form findet eine rasche Verfeinerung der Primärnerven gegen die Spitze zu statt. Von denselben entspringen unter Winkeln von 45—50° in Entfernungen von 5—7 *mm*, und nur gegen die Basis der Lappen hin sichtbar, feine, einander parallellaufende Secundärnerven. Tertiärnerven und ein Netzwerk haben sich nicht erhalten.

3. Forma **denticulata.** Die aus der Böhmischen Kreideflora von Velenovský als *Aralia formosa* l. c. Taf. 6, Fig. 7 und Taf. 7, Fig. 2—4, abgebildeten Exemplare zeigen eine tief-dreilappige Lamina und lineale oder lanzettlineale Lappen, die bald nahe vom Grunde an oder auch erst gegen die Spitze zu mit kleinen, wenig hervortretenden, nach vorne gekehrten Randzähnen besetzt und am Grunde mehr oder weniger zusammengezogen sind. Die bis nahe zum Grunde der Lamina reichenden Buchten sind vollkommen abgerundet. Die Divergenzwinkel der Lappen schwanken zwischen 10° und 60°. Die Basis der Lamina ist bei allen Exemplaren mehr oder weniger deutlich herabgezogen-spitz. Die Primärnerven treten schwächer hervor als bei den vorhergehenden Formen und sind gegen die Spitze zu allmälig verfeinert. Das suprabasilare Entspringen derselben ist zwar deutlich ausgesprochen, jedoch auf ein Minimum reducirt. Die zahlreichen feinen Secundärnerven sind mehr bogenförmig und ein hervortretendes Blattnetz ist ausgebildet.

4. Forma **anisoloba.** Von Velenovský a. a. O. Taf. 5, Fig. 4—6, unter demselben Namen als Art bezeichnet. Die Lamina ist seicht-dreilappig, die Lappen sind von ihrem Ursprunge an breit, rasch zugespitzt-verschmälert, aber auch stumpflich, oft die seitlichen beträchtlich länger als der mittlere; die Zahnung sowie bei der vorigen, nur sind die Zähne etwas länger. Die Buchten sind bald stumpf, bald spitz; ebenso ver-

schieden die Divergenzwinkel der Lappen. Die Basis der Lamina ist bald stumpflich wie bei Fig. 5 l. c. bald ein Minimum herabgezogen-spitz. Die Primärnerven treten schwächer hervor als bei Forma 1 und 2, und zeigen eine schnellere Verfeinerung gegen die Spitze zu als bei Forma 3. Auch hier ist sowie bei der letzteren das suprabasilare Entspringen derselben auf ein Minimum beschränkt. Die feinen Secundärnerven und das Blattnetz treten weniger deutlich hervor als bei der vorigen, was aber augenscheinlich nur von dem Grade der weniger guten Erhaltung herrührt und daher nicht als Unterscheidungsmerkmal dienen kann. Die übrigen oben angegebenen Merkmale wären an und für sich charakteristisch genug zur Unterscheidung einer Art, allein bei der in die Augen springenden Polymorphie der *Aralia formosa*, deren Kenntniss wir erst der Arbeit Velenovský's verdanken, können sie nur zur Abgrenzung der Formen, die eben alle in einander übergehen, Verwendung finden. Einen solchen Übergang zwischen dieser und anderen Formen der *A. formosa* bildet das als *A. triloba* Vel. l. c. Taf. 5, Fig. 8, bezeichnete Blatt. In der Form der Lappen desselben ist wohl kaum ein nennenswerther Unterschied von der Form *anisoloba* zu finden, denn die Länge und Zuspitzung der Lappen ist oft bei einem und demselben Blatte der *A. formosa* verschieden (vergl. die Exemplare von Lesquereux l. c. und Velenovský l. c. Taf. 7, Fig. 2 und 3); die Randbeschaffenheit ist nahezu dieselbe. Die *A. triloba* kann in dieser Beziehung auch als Übergang zu den Formen 1, 2 und 5, sowie nach den kleinen Zähnen zur *forma denticulata* gelten; die etwas vergrössert suprabasilare Stellung der Primärnerven endlich verbindet sie einerseits mit der Form *denticulata* (siehe Velenovský l. c. Taf. 6, Fig. 7), andererseits mit der Form *decurrens* (siehe l. c. Taf. 10, Fig. 7).

5. Forma **decurrens**. (Syn. *A. decurrens* Velen. l. c. Taf. 10, Fig. 5—7.) Die Lamina ist nahe zum Grunde in drei lineale oder lanzettförmige Lappen von gleicher oder ungleicher Länge gespalten, die denen der Form *denticulata* am meisten gleichen. Die Blattbasis ist stärker herabgezogen oder zuweilen herablaufend, doch bildet das Blatt Fig. 5, deren Lamina am Stiele nur sehr wenig herabläuft, in dieser Beziehung einen entschiedenen Übergang einerseits zur Form *anisoloba* (s. *A. triloba* Velenovský l. c. Taf. 5, Fig. 7), anderseits zur Form *denticulata*. Der Rand ist mit grösseren Zähnen besetzt, welche durch das Blatt Fig. 5 auch in die der Form *denticulata* übergehen. Die übrigen Eigenschaften sind von denen der beiden vorhergehenden Formen nicht verschieden.

6. Forma **minor**. (Syn. *Aralia minor* Vel. l. c. Taf. 5, Fig. 9.) Die im Umrisse rundlich-eiförmige Lamina ist bis nahe zur Basis in 3—5 lanzettliche, entfernt-gezähnte oder zum Theile ganzrandige Lappen gespalten. Der längere Mittellappen ist am Grunde verengt. Die etwas feineren Primärnerven sind suprabasilar, zuweilen oberhalb dem Grunde gabeltheilig.

7. Forma **angustiloba**. Die Lamina ist wie bei den Formen 3 und 5 tief-dreilappig und an der Basis herabgezogen. Die Lappen sind aber lineal, ganzrandig, unter Winkeln von 55—70° divergirend. Am schmälsten von den bisher bekannt gewordenen Formen, erreichen sie nur eine Breite von 5—7 *mm*. Hieher gehört das von Velenovský als *Aralia formosa* bezeichnete Blatt Fig. 2, Taf. 5.

8. Forma **integriloba**. Die Lamina ist weniger tief dreilappig und theilt in dieser Beziehung die Form von Nr. 1, 2 und zum Theile auch 4 (*A. triloba* Vel. l. c. Taf. 5, Fig. 8). Die Lappen sind breit-lanzettlich, zugespitzt, ganzrandig. Die Primärnerven sind theils basilar, theils suprabasilar; die seitlichen auffallend divergirend gebogen, eine Eigenschaft, welche sie mit denen der Form 2 theilen. Hieher gehören die als *A. Kowalewskiana* Vel. l. c. Taf. 6, Fig. 5 und 6 bezeichneten Blätter.

9. Forma **quinqueloba**. Die Lamina ist etwas über die Mitte hinab fünflappig; die Lappen sind schmäler, lanzettförmig, zugespitzt und ganzrandig. Die Primärnerven sind grundständig, die seitlichen gerade oder kaum merklich divergirend gebogen. Hieher gehören die Blätter der *A. Kowalewskiana* Vel. l. c. Taf. 6, Fig. 1 und 2.

10. Forma **pluriloba**. Die Lamina, an der Basis zugerundet oder herzförmig, ist 7—9 lappig; die Lappen sind lanzettförmig, ganzrandig. Primär- und Secundärnerven sind der grösseren Entwicklung der Lappen entsprechend stärker. Erstere sind grundständig. Hieher die Blätter der *A. Kowalewskiana* Vel. l. c. Taf. 5, Fig. 1; Taf. 6, Fig. 1.

Wie aus Obigem entnommen werden kann, variirt die *Aralia formosa* in der Form der Lamina, in der Zahl, Form und Randbeschaffenheit der Lappen, sowie in der Stellung der Primärnerven und anderen Merkmalen der Nervation. In der Form der Lamina kommen vom Rundlichen alle Übergänge bis zum Rhombischen und Dreieckigen vor; in der Mehrzahl der Fälle ist dieselbe dreilappig; bei der Form 6 kommen aber 3- und 5-lappige, selten 7- oder 9-lappige Blätter vor. Die Form der Lappen schwankt vom Breit eiförmigen (Vgl. l. c. Taf. 5, Fig. 6) zum Breit-lanzettlichen (l. c. Taf. 5, Fig. 8), Lanzettlichen (l. c. Taf. 5, Fig. 9; Taf. 6, Fig. 2; Taf. 10, Fig. 5), Lanzettlinealen (l. c. Taf. 6, Fig. 7; Taf. 7, Fig. 3) und Linealen (l. c. Taf. 5, Fig. 2; Taf. 10, Fig. 7). Der scharfgezähnte Rand (l. c. Taf. 7, Fig. 3) geht durch einen entfernt- und einen stumpfgezähnten allmälig in den ungezähnten über (l. c. Taf. 5, Fig. 4, 5, 6, 8, 9). Der ungeflügelte Blattstiel geht durch eine vorgezogene oder herablaufende Basis allmälig in den geflügelten über (l. c. Taf. 5, Fig. 5, 7 und 8; Taf. 7, Fig. 2; Taf. 10, Fig. 7). Die Primärnerven gehen von der häufiger vorkommenden suprabasilaren Stellung allmälig in die basilare über (l. c. Taf. 5, Fig. 8; Taf. 10, Fig. 7; Taf. 6, Fig. 7; Taf. 5, Fig. 4, 5).

Der Umstand, dass Formen der *Aralia formosa*, wie *A. Kowalewskiana*, *A. trilobæ*, *A. minor* und *A. decurrens* an derselben Lagerstätte (im schwarzgrauen Schieferthone von Vyšerovic) beisammen gefunden worden sind, kann die Gründe, welche für ihre Zusammengehörigkeit sprechen, jedenfalls noch bestärken.

Lesquereux hat a. a. O. ausser der von ihm als *Aralia formosa* bezeichneten Pflanze, die wir zur Form 2 *(crenulata)* stellten, eine Reihe von *Aralia-* und ähnlichen zu *Sterculia* gebrachten Formen beschrieben, welche zu den oben aufgezählten sehr wohl zu passen scheinen oder sich als Zwischenformen erweisen könnten. Die definitive Vereinigung derselben mit der *Aralia formosa* dürfte wegen des zu unvollständigen Materiales verfrüht sein, aber es lässt sich auf die Wahrscheinlichkeit ihres Zusammengehörens schon jetzt hinweisen. So passt *Aralia concreta* Lesq. l. c. Taf. 9, Fig. 3—5, am meisten zur Form 9 *(quinqueloba)*. Der Unterschied scheint darin zu bestehen, dass bei der amerikanischen Pflanze die Lappen der Lamina, soweit dieselben vollständig vorliegen, wenig verschmälert und stumpflich sind; dass die seitlichen Primärnerven der Lappen je aus einem kurzen Stamme, also suprabasilar entspringen, und dass die Textur des Blattes eine dicker lederartige ist, was schon die bis zur Spitze der Lappen stark hervortretenden Primärnerven andeuten. Das Blattstück Fig. 3 zeigt nur vier suprabasilare Hauptnerven und muss als eine abnorme Bildung derselben Art betrachtet werden. Die angegebenen Unterscheidungsmerkmale dürften jedoch mit Rücksicht auf die Polymorphie des Blattes der *Aralia formosa* nicht stichhältig sein. Fig. 3 zeigt auch einen verschmälert-spitzen Lappen, welcher sich von denen der Form *quinqueloba* kaum unterscheidet. Der suprabasilare Ursprung seitlicher Primärnerven ist bei dem von Velenovsky l. c. dargestellten Blatte Fig. 2, Taf. 6, zweifellos ausgedrückt, und die Stärke der Primärnerven der *Aralia concreta* wird auch von Formen der *A. formosa* nahezu erreicht. Es bleiben sonach nur die festere Consistenz des Blattes und die Stärke der Nervenenden in den Lappen als einziger Unterschied übrig, welchem wohl nicht mehr Gewicht als der einer Varietät beizumessen sein dürfte.

Aralia radiata Lesq. l. c. Taf. 7, Fig. 2, 3, passt zur Form 9 *(quinqueloba)* nicht weniger als die Vorhergehende. Als Unterschiede von dieser könnten nur gelten: die anscheinend zartere Textur des Blattes und die verhältnissmässig schmäleren und längeren, mehr zugespitzten Lappen. Letztere findet man wohl auch bei Formen der *A · formosa*. Interessant und lehrreich ist die Variation in der suprabasilaren Stellung der Primärnerven, da bei dem Blatte Fig. 2 diese die gleiche ist wie bei Fig. 3 und 4, Taf. 9 der *Aralia concreta*, während beim Blatte Fig. 3 der *A. radiata* sämmtliche Primärnerven wie aus einem Punkte suprabasilar entspringen. Wir sehen eben auch an den Formen der *A. formosa* einen basilaren und verschiedenen suprabasilaren Ursprung dieser Nerven.

Aralia tenuinervis Lesq. l. c. Taf. 7, Fig. 4, passt bezüglich der fünflappigen Lamina zur Form 9 *(quinqueloba)*, bezüglich der Nervation aber zur Form 4 *(anisoloba*, l. c. Fig. 6). Als Unterschiede könnten die feineren Primär- und Secundärnerven angegeben werden, wobei aber bemerkt werden muss, dass auch bei Formen der *A. formosa* (6, *minor*) feinere Primär- und Secundärnerven vorkommen.

Sterculia obtusiloba Lesq. l. c. Taf. 8, Fig. 3, könnte zur Form 7 *(angustiloba)* gehören. Die drei Lappen haben dieselbe lineale Form. Die Spitzen sind zwar an dem Blatte Fig. 2, Taf. 5 der c. Böhmischen Kreideflora nicht erhalten, aber es kommen der *A. formosa* aus dieser Flora auch stumpfe Lappen zu, wie Taf. 5, Fig. 5, zeigt. Die einzigen bemerkbaren Unterschiede bestehen in der geringeren Divergenz (25°) der Lappen, in der mehr herabgezogenen Basis und in den etwas feineren, am Ursprunge stärker divergirend gebogenen Primärnerven bei der amerikanischen Pflanze. Diese Unterschiede verringern sich jedoch bedeutend, wenn man in Erwägung zieht, dass die Divergenz der Lappen bei der böhmischen *Aralia formosa* unserer Auffassung zwischen 10° und 70° schwankt, dass eine nahezu ebenso herabgezogene Laminabasis bei den Formen *decurrens* und *integriloba* vorkommt, und dass bei der letzteren und bei der Form *denticulata* ebenso divergirend gebogene Primärnerven zu beobachten sind. Die feineren Primärnerven könnten durch den zufällig schwächeren Abdruck des lederartigen Blattes verursacht sein; übrigens kommen auch bei den Formen der *Aralia formosa* (6, minor, Vgl. l. c. Taf. 5, Fig. 9) feinere Primärnerven vor.

Sterculia lugubris Lesq. l. c. Taf. 6, Fig. 1—3, hat zwar grössere Blätter mit entsprechend breiteren Lappen, aber die Form der drei Lappen und der dazwischen liegenden Buchten stimmt mit der von der Form *angustiloba* der *Aralia formosa* und der *Sterculia obtusiloba* überein. Die mächtigeren Primärnerven bemerken wir auch bei den grösseren Blattformen der *A. formosa*, und das kleinere Blatt Fig. 3 hat eben schon entsprechend schwächere Primärnerven.

Sterculia aperta Lesq. l. c. Taf. 10, Fig. 2, 3, könnte zur Form 8 *(integriloba)* gehören, wenigstens unterscheidet sich das Blatt Fig. 2 von dem in Fig. 6 auf Taf. 6 der Böhmischen Kreideflora durch kein wesentliches Merkmal. Die Nervation des von Lesquereux l. c. Fig. 3 dargestellten Blattes, obwohl unvollständig erhalten, scheint von der bei böhmischen Formen von *Aralia formosa* (z. B. Taf. 5, Fig. 6) beobachteten nicht wesentlich abzuweichen.

Nachdem wir nun nachgewiesen haben, wie viel die *Aralia formosa* in der Zahl, Form und Beschaffenheit der Blattlappen, in der Stellung und Stärke der Primärnerven und in anderen Merkmalen variirt, ferner mit Wahrscheinlichkeit hinstellen konnten, dass auch die *Aralia*-Formen der nordamerikanischen Kreide zur selben Art gehören, so fällt es uns schwer, die beschriebene australische Pflanze von derselben auszuschliessen. Die Letztere unterscheidet sich von der ihr am nächsten kommenden Form *denticulata* durch eine weniger derbe Textur und den geflügelten Blattstiel, von allen Formen der *A. formosa* aber durch die Richtung und Form der Zähnchen der Blattlappen. Da mir bis jetzt keine entsprechende Übergangsform bekannt geworden ist, so nehme ich an, dass die australische *Aralia* einer besonderen die *A. formosa* vicariirenden Art angehört. In der Tertiärflora Australiens kommen vier Arten von *Aralia* vor, von denen drei (*A. prisca, A. Oxleyi* und *A. elsmorcana*) dem Typus der Nervation nach Abkömmlinge der Kreideart sein können, während die vierte *A. Freelingii*, einen anderen Typus zeigend, sich der *A. multifida* Sap. aus der Tertiärflora der Provence anschliesst. (S. Näheres in den Beiträgen z. Tertiärflora Australiens l. c., S. 121.) Nach G. Bentham's »Flora australiensis« kommt die Gattung *Aralia* in der lebenden Flora von Australien nicht vor.

SAXIFRAGACEAE.

Ceratopetalum primigenium sp. n.

Taf. IV, Fig. 5.

C. foliis simplicibus, coriaceis, lanceolatis, argute minute serrulatis; nervatione camptodroma, nervo primario firmo, prominente, recto; nervis secundariis sub angulis 70—80° orientibus, tenuibus, curvatis, marginem adscendentibus, ante marginem furcatis; nervis tertiariis tenuissimis, vix distinctis vel obsoletis, e latere externo secundariorum angulo peracuto egredientibus; rete microsquammato, maculis rotundato-ellipticis.

Fundort: Ipswich Road gegenüber der Bahnstation Warragh (Loc. IV).

Das beschriebene Fossil gehört einem symmetrischen, jedenfalls einfachen Blatte, von deutlich derber lederartiger Beschaffenheit an. Die lanzettförmige Lamina ist am Rande mit sehr kleinen, nahezu gleichen, genäherten und stumpflichen Zähnchen besetzt, deren Spitzen nach vorn gerichtet sind. Der Primärnerv tritt stark hervor und verläuft vollkommen gerade. Die feinen Secundärnerven entspringen unter wenig spitzen

Winkeln und verlaufen im Bogen und gabelig getheilt den Rand hinauf. Von demselben gehen ausserst feine kurze Tertiärnerven unter sehr spitzen Winkeln an der Aussenseite ab; nur an einer Stelle des Blatt-fossils sind dieselben erhalten und bei günstiger Beleuchtung sichtbar. An derselben Stelle bemerkt man ein sehr zartes aus eiförmig elliptischen Maschen zusammengesetztes Netz. (S. die Vergrösserung der Nervation Fig. 5 *a*.) Nachdem bereits ähnliche Fossilreste aus Australien und Neuseeland vorliegen, welche zu *Ceratopetalum* gestellt werden konnten, so war die Bestimmung des beschriebenen Fossils, als zu dieser in Australien endemischen Gattung gehörig, nicht mit Schwierigkeit verbunden. Nahezu die gleichen Eigenschaften findet man an dem Blatte des *C. rivulare* aus den Kreideschichten Neuseelands (s. die Beiträge zu dieser Flora l. c. Taf. 9, Fig. 15, 16), nur sind bei diesem die Randzähne minder klein, mehr ungleich und spitzer. In der Tertiärflora Australiens finden sich zwei Arten dieser Gattung, von denen *C. Mac Donaldi* (l. c. Taf. 13, Fig. 14) der beschriebenen Art am nächsten kommt, jedoch durch grössere, spitzere Randzähne und netzläufige mehr gedrängt stehende Secundärnerven von derselben abweicht.

RANUNCULACEAE.

Debeya australiensis sp. n.

Taf. III, Fig. 19, 20.

D. foliis coriaceis petiolatis: petiolis validis ramosis, superne leviter dilatatis; foliolis longe petiolulatis, inaequaliter lanceolatis, basi obtusis, apice acuminatis, margine argute et minute serratis; nervatione camptodroma, nervo primario valido, prominente, apicem versus attenuato; nervis secundariis sub angulis 40—50°, infimis sub acutioribus orientibus, arcuatis, marginem adscendentibus, subflexuosis, 8—10 mm inter se remotis, basi approximatis; nervis tertiariis inconspicuis; rete tenuissimo, maculis minutissimis aequalibus.

Fundorte: Ipswich Road, gegenüber der Bahnstation Warragh (Loc. IV); Oxley Road, nächst der Bahnstation Oxley (Loc. I); Eisenbahneinschnitt nördlich von der Station Oxley (Loc. III).

Das Material, welches von diesem Fossil aus drei Localitäten vorliegt, bietet folgende Anhaltspunkte zur Bestimmung desselben. Es sind gestielte Theilblättchen von lederartiger Substanz. Die Stielchen erreichen die Länge von 15 *mm* und entspringen von einem verzweigten Blattstiel, mit dem sie aber nicht gelenkig verbunden sind, so dass erstere eigentlich nur als Äste des letzteren und die Theilabschnitte nicht als echte Fiederblätchen zu betrachten sind. Der Kürze halber wollen wir sie als -Theilblättchen- und ihre Stiele als -Stielchen-, hingegen die Stämmchen, aus welchen diese entspringen als -Blattstiel- bezeichnen. An der Abzweigungsstelle des Stielchens bei Fig. 19 bemerkt man eine Verdickung, deren Längsaxe die des Stielchens fast unter rechtem Winkel schneidet. Diese Verdickung gehört dem starken Blattstiel an, dessen obere Verzweigungen vor dem Abgange der Stielchen mehr oder weniger erweitert erscheinen. Dieses Verhalten versteht man am besten, wenn man das Fussstück der *Debeya (Dewalquea) geldenensis* Sap. et Mar. (Essai etc. l. c. Taf. 9, Fig. 6) betrachtet, nach welchem unsere Fig. 19 *b* ergänzt wurde. (S. auch das Fussstück von *D. haldemiana* Sap. et Mar. in Hosius et v. d. Marck Flora der West-fälischen Kreideformation l. c. Taf. 34, Fig. 115.) Die Blättchen sind aus eiförmiger Basis lanzettförmig, etwas ungleichseitig, zugespitzt, am Rande mit gedrängt stehenden sehr kleinen Sägezähnchen besetzt. Der Primärnerv tritt mächtig hervor und verfeinert sich allmälig gegen die Spitze zu. Die Secundärnerven entspringen unter wenig spitzen, nur die grundständigen unter sehr spitzen Winkeln, an der Basis etwas genähert; die Tertiärnerven haben sich nicht erhalten und müssen sehr fein gewesen sein: dagegen sind Spuren eines sehr zarten Netzes sichtbar, dessen Maschen äusserst klein und durchaus gleichförmig erscheinen, sehr ähnlich dem Netzwerk der *D. geldenensis* l. c. Fig. 2 und 3 (s. die Vergrösserung 19 *a*).

Die angezogenen Analogien weisen schon auf die Gattung *Debeya* hin, in welcher wir die *D. serrata* Miq. als hinsichtlich der Grösse, Form, Zahnung, Nervation und Textur der australischen Art am nächsten stehend bezeichnen. Die genannte von Miquel schon 1853 in seiner Abhandlung -De fossiele Planten van Het Kryt in het Hertogdom Limburg- aufgestellte Gattung hat durch Saporta und Marion in der Abhandlung -Essai sur l' état de la végétation a l'époque des Marnes Heersiennes-, 1873, S. 55 eine namhafte Bereicherung erhalten. Die Autoren liessen jedoch hiebei, indem sie der Gattung den Namen *Dewal-quea* gaben, wohl aus Versehen, die Priorität Miquel's unbeachtet. Zu keiner der aufgestellten Arten kann unsere australische gestellt werden. Die erwähnte *D. serrata*, dann *D. insignis* Hos. et v. d. Marck unterscheiden sich von derselben durch grössere Randzähne und die verschmälerte Basis der Theilblättchen; *D. haldemiana* und *D. geinitzensis* Sap. et Mar. durch ganzrandige, *D. aquisgranensis* Sap. et Mar. durch viel schmälere, lineallanzettliche Theilblättchen.

Debeya affinis sp. n.

Taf. III, Fig. 21, 22.

D. foliis coriaceis, foliolis inaequaliter lanceolatis, basi obliqua angustatis, margine remote dentatis; nervatione brochidodroma, nervo primario valido, prominente, recto; nervis secundariis sub angulis 60—70°, basi acutioribus orientibus, prominentibus, 9—11 mm inter se remotis, arcuatis, marginem adscendentibus, furcatis, ramis inter se anastomosantibus, flexuosis, arcubus laqueorum distinctis; nervis tertiariis sub angulo subrecto insertis, tenuissimis, rete obsoleto.

Fundorte: Ipswich Road, gegenüber der Bahnstation Warragh (Loc. IV); Eisenbahneinschnitt nördlich von der Station Oxley (Loc. III).

Diese Theilblättchen zog ich anfänglich zu denen der vorhergehenden Art, mit welchen sie an zwei Localitäten sich beisammen finden, obgleich viel seltener. Nach genauerer Untersuchung hingegen glaube ich für dieselben eine besondere Art annehmen zu sollen, welche sich durch die folgenden Merkmale charakterisirt. Die Theilblättchen sind nach dem Grunde allmählig verschmälert und daselbst auffallend schief, am Rande entfernt gezähnt. Die Secundärnerven entspringen unter auffallend stumpferen Winkeln und stehen von einander in etwas grösseren Distanzen als bei der vorhergehenden Art. Gegen den Rand zu sind diese Nerven gabeltheilig; der obere Ast läuft geschlängelt dem Rand hinauf, um mit dem unteren des nächst höher stehenden Nervs zu anastomosiren. Der ziemlich hervortretende Schlingenbogen zeigt eine stärkere Krümmung als die Randlinie und trägt deutliche Spuren von Aussenschlingen. Die Tertiärnerven entspringen unter nahezu rechtem Winkel von beiden Seiten der secundären. Von einem ähnlichen, feinen Blattnetz wie bei der vorigen Art ist keine Spur wahrzunehmen, jedoch darf hierauf sowie auf das Vorhandensein der Tertiärnerven kein Gewicht gelegt werden, da dies von dem Grade der Erhaltung der betreffenden Fossilreste abhängig sein kann. Die lederartige Textur, die ungleichseitig lanzettliche Form der Theilblättchen, sowie die Stärke des Primär- und der Secundärnerven theilen die beiden Arten miteinander. Die *Debeya affinis* steht der *D. serrata* Miq., wenn man das von Ferdinand Roemer in der Zeitschrift der Deutschen Geologischen Gesellschaft, 41. Bd., Taf. 12, Fig. 1 abgebildete Exemplar aus den senonen Thonschichten bei Bunzlau in Niederschlesien im Auge hat, noch näher als die vorhergehende Art, unterscheidet sich aber von der genannten durch eine mehr ungleiche Basis und durch kleinere Randzähne des Theilblättchens.

TILIACEAE.

Etheridgea gen. nov.

Drupa unopyrena, pyrena ossea, minute sulcata uniloculari.

Etheridgea subglobosa sp. n.

Taf. IV, Fig. 3.

E. pyrenis subglobosis vel globoso-ovoideis, superficie sulcis tenuibus minutisque flexuosis plerumque axi longitudinali parallelis obtectis.

Fundorte: Ipswich Road, gegenüber der Bahnstation Warragh (Loc. IV), Bahneinschnitt zwischen der Warragh- und Oxley-Station (Loc. VII).

Es liegen von diesem Fruchtfossil Hohlabdrücke vor, welche kurze, feine, geschlängelte, der Axe der Frucht meist parallellaufende Runzeln tragen. Das Fruchtfossil selbst muss demnach mit ebensolchen zarten Furchen durchzogen gewesen sein. Den Abdrücken nach zu schliessen, muss das Fossil eine fast kugelige oder kugelig eiformige Gestalt gehabt haben. Aus der Tertiärflora Australiens sind ähnliche Fruchtfossilien zum Vorschein gekommen, welche aber von fünf Hauptfurchen durchzogen sind, die ebenso viele Stücke oder Fächer der Frucht andeuten. (S. Tertiärflora Australiens l. c. Taf. 6, Fig. 9—12.) Dieselbe stellte ich wegen ihrer auffallenden Ähnlichkeit mit den Steinkernen einerseits des europäisch-tertiären *Elaeocarpus Albrechti* Heer, anderseits des jetztweltlichen *E. sphaericus* Gaertn. zu dieser Gattung. Unsere Fruchtfossilien sind jedenfalls auch als Abdrücke von Steinkernen zu betrachten. An diesen ist jedoch keine Spur von Furchen, die Abtheilungen, Fächern oder Theilstücken entsprechen könnten, wahrzunehmen. Die Furchen sind viel feiner und zeigen einen anderen Verlauf (s. die Vergrösserung Fig. 3a). Dagegen stimmt die Form und sonstige Oberflächenbeschaffenheit mit *Elaeocarpus*-Steinkernen so überein, dass man eine Gattungsverwandtschaft immerhin annehmen kann. Die beschriebenen Fruchtreste dürften sonach einer den Tiliaceen einzureihenden mit *Elaeocarpus* verwandten Gattung angehören, welche ich zu Ehren des um die Erforschung der Paläontologie Australiens hochverdienten Mr. Robert Etheridge jun. benenne.

MALPIGHIACEAE.

Banisteriophyllum cretaceum sp. n.

Taf. IV. Fig. 2.

B. foliis coriaceis oblongo-lanceolatis, integerrimis; nervatione camptodroma, nervo primario valido prominente recto; nervis secundariis sub angulis 50 - 60° orientibus, 5—9 mm inter se distantibus, leviter arcuatis, simplicibus; nervis tertiariis approximatis tenuibus flexuosis, e primario angulo recto, e latere externo secundariorum angulis acutis exeuntibus, transversim inter se conjunctis.

Fundort: Ipswich Road, gegenüber der Bahnstation Warragh (Loc. IV).

Der Abdruck des Blattes zeigt eine derbe, lederartige Textur an und ergänzt sich zu einem länglich-lanzettförmigen, symmetrischen, einfachen und ganzrandigen Blatte. Der Primärnerv ist mächtig hervortretend und verläuft geradlinig und nur allmälig verschmälert der Spitze zu. Die ziemlich feinen und zahlreichen Secundärnerven entspringen unter wenig spitzen Winkeln; die tertiären verlaufen etwas geschlängelt und einander parallel fast senkrecht zur Richtung des primären.

Das beschriebene Fossil zeigt eine so grosse Ähnlichkeit mit den von mir für die Tertiärflora Australiens nachgewiesenen *Banisteriophyllum Australiense* l. c. Taf. 14. Fig. 15, dass ich keinen Anstand nehme, ersteres demselben unmittelbar anzureihen. Die genannte Tertiärpflanze, welche als Abkömmling der Kreideart zu betrachten ist, unterscheidet sich von letzterer hauptsächlich durch die feineren, einander mehr genäherten Secundärnerven, welche unter spitzeren Winkeln entspringen.

Malpighiastrum cretaceum sp. n.

Taf. IV, Fig. 1.

M. foliis coriaceis, ovatis, acuminatis, integerrimis; nervatione camptodroma, nervo primario firmo, prominente, recto, apicem versus attenuato; nervis secundariis distinctis, sub angulis 40—50° orientibus, leviter curvatis, marginem versus adscendentibus, simplicibus ramosisque; nervis tertiariis, tenuibus transversim conjunctis.

Fundort: Ipswich Road, gegenüber der Bahnstation Warragh (Loc. IV).

Das Blattfossil Fig. 1, auf welches obige Bestimmung sich stützt, verräth eine lederartige Textur und nach seinem symmetrischen Baue ein einfaches Blatt. Die Lamina lässt sich nach dem Abdrucke leicht ergänzen und zeigt eine eiförmige Gestalt. Die Spitze ist verlängert zugespitzt, die Basis gleich, kaum verschmälert; der Rand, nur stellenweise erhalten (in unserer Abbildung aber nach genaueren Anhaltspunkten ergänzt), trägt keine Zähne. Die Nervation zeigt einen vom Grunde bis zur Mitte der Lamina stark hervortretenden Primärnerv und jederseits 7 bis 8 ziemlich ausgeprägte Secundärnerven. Diese gehen unter spitzen Winkeln ab, sind mit Ausnahme der unteren mehr genäherten 9 -13 mm von einander entfernt und laufen in schwacher, bogenförmiger Krümmung gegen den Rand zu und dann nur eine kurze Strecke nach aufwärts. Ausserdem entspringen vom Primärnerven einige kurze, gerade und von den secundären einige bogige Aussennerven. Die Tertiärnerven sind ziemlich fein und deshalb am Abdrucke nur mittels der Loupe und bei geeigneter Beleuchtung deutlich sichtbar. Dieselben gehen von der Aussenseite der Secundärnerven unter spitzen, von der Innenseite unter stumpfen Winkeln ab und bilden, unter einander anastomosirend, die Lamina durchziehende Quernerven. (S. die Vergrösserung Fig. 1 a.) Ein Blattnetz hat sich nur unvollkommen erhalten.

Nach den obigen charakteristischen Merkmalen beschränkt sich die Zahl der Gattungen, in welche das beschriebene Fossil mit grösserer oder geringerer Wahrscheinlichkeit gestellt werden kann und vertheilt sich auf wenige Ordnungen, von denen die Malpighiaceen, Rhamneen und Euphorbiaceen die wichtigsten sind. Es liegen Blattfossilien aus der Tertiärformation Europas und Australiens vor, welche dem beschriebenen mehr oder weniger ähnlich sind und von denen ich an anderen Orten nachwies, dass sie am besten den Malpighiaceen eingereiht werden können, worauf ich, um Wiederholungen zu vermeiden, hier verweise. Unsere neue Art bringe ich zur Sammelgattung *Malphighiastrum* und reihe sie dem *M. Babbagei* m. aus den Tertiärschichten von Neu-Süd-Wales unmittelbar an, welches sich von derselben nur durch eine mehr längliche Lamina und mehr gebogene, unter stumpferen Winkeln entspringende Secundärnerven sicher unterscheidet.

CELASTRINEAE.

Elaeodendron priscum sp. n.

Taf. IV, Fig. 6.

E. foliis coriaceis oblongo-lanceolatis, basi attenuatis, margine inaequaliter dentatis; nervatione brochidodroma, nervo primario prominente recto, nervis secundariis distinctis, sub angulis acutis variis orientibus, flexuosis, furcatis vel ramosis, ramis laqueos margini subparallelos formantibus; nervis tertiariis superioribus sub angulis acutis, inferioribus sub angulo subrecto egredientibus, inter se conjunctis.

Fundort: Eisenbahneinschnitt nördlich von der Station Oxley (Loc. III).

Das vorliegende Blattfossil zeigt den Charakter jener fossilen Blätter aus der Tertiärformation, welche bisher zu *Elaeodendron* gestellt worden sind, ohne aber mit einer beschriebenen Art in sämmtlichen Merkmalen übereinzustimmen. Dasselbe theilt mit allen die lederartige Textur, mit einigen die länglich lanzettliche Form, mit anderen die verschmälerte Basis, den ungleich gezähnten Blattrand und die schlinglaüfige Nervation. Aus einem geraden, ziemlich stark hervortretenden Primärnerven entspringen geschlängelte, am Ende gabeltheilige oder ästige Secundärnerven unter verschiedenen spitzen Winkeln. Die Äste anastomosiren untereinander und bilden Schlingenbogen, die dem Rande fast parallel laufen. Die untereinander verbundenen Tertiärnerven sind scharf ausgeprägt, einfach oder ästig; die oberen entspringen von der Aussenseite der secundären unter spitzen, die unteren unter nahezu rechten oder stumpfen Winkeln. In den Merkmalen der Nervation stimmt unser Fossil mit den Blättern von *Elaeodendron polymorphum* Ward aus der Laramie-Flora l. c. Taf. 38, Fig. 1—7 am meisten überein. Diese aber unterscheiden sich von demselben hauptsächlich durch die weniger verschmälerte oder fast abgeschnitten stumpfe Basis und die kleineren, schärferen Randzähne.

MYRTACEAE.

Eucalyptus cretacea sp. n.

Taf. IV Fig. 7, 8.

E. foliis coriaceis petiolatis, lineari-lanceolatis, basi attenuatis, margine integerrimis; nervatione brochidodroma, nervo primario valido, prominente, recto; nervis secundariis tenuissimis, sub angulis 70—80° orientibus, approximatis, subrectis, arcubus laqueorum in nervum marginalem tenuissimum confluentibus; nervis tertiariis obsoletis.

Fundorte: Ipswich Road, gegenüber der Bahnstation Warragh (Loc. IV); Bahneinschnitt zwischen den Stationen Warragh und Oxley (Loc. VII).

Die hieher gehörigen Blattfossilien verrathen eine steife, lederartige Textur sehr deutlich. Der Stiel erreicht mindestens die Länge von 11 *mm*, da er an dem Blatte Fig. 8, an dem er am meisten sich erhalten hat, abgebrochen zu sein scheint. Die ganzrandige Lamina erreicht die Breite von 22 *mm*, ist aber lineal-lanzettförmig und etwas in den Stiel verschmälert. Der Primärnerv tritt sehr stark hervor, verschmälert sich nur sehr allmälig und entsendet zahlreiche, sehr feine, genäherte, fast geradlinig und einfach bis zum Saumnerv verlaufende Secundärnerven. Letzterer liegt fast ganz am Rande und ist wegen seiner ausserordentlichen Zartheit nur an einer einzigen Stelle deutlich sichtbar. Tertiärnerven haben sich keine erhalten; dagegen gewahrt man stellenweise mittels der Loupe zahlreiche, sehr feine, gleichmässig vertheilte Punkte, welche als die Überbleibsel der Öldrüsen zu deuten sind und in derselben Weise auch an anderen fossilen *Eucalyptus*-Blättern beobachtet wurden. (S. die Vergrösserung Fig. 7 *a*.)

Diese Art entspricht einerseits der in den Kreidefloren von Atane, Moletein und Böhmen vorkommenden *E. Geinitzii* Heer, anderseits der *E. Hayi* m. aus der Eocänflora Australiens, unterscheidet sich aber von beiden durch die unter stumpferen Winkeln entspringenden, ungetheilt und fast gerade gegen den Rand zu laufenden Secundärnerven.

Eucalyptus Davidsoni sp. n.
Taf. IV, Fig. 10.

E. foliis coriaceis, late lanceolatis, basi angustatis, margine integerrimis; nervatione brochidodroma, nervo primario valido, prominente recto; nervis secundariis tenuissimis, sub angulis 10—50° orientibus, approximatis, nervo marginali inter se conjunctis; nervis tertiariis inconspicuis.

Fundort: Strasseneinschnitt bei Oxley, nahe dem Flusse (Loc. II).

Die *Eucalyptus*-Natur dieses Fossils unterliegt keinem Zweifel; ob dasselbe aber mit obiger Art zu vereinigen sei oder einer besonderen Art angehört, kann erst bei einem reichlicher vorliegenden Material endgiltig entschieden werden, wo es sich herausstellen muss, ob die unterscheidenden Merkmale durch Übergänge verbunden sind oder nicht. Bis jetzt unterscheidet sich das beschriebene Fossil von den Blattfossilien der vorhergehenden Art durch eine breitere Lamina und die mehr genäherten, unter spitzeren Winkeln abgehenden Secundärnerven. Durch das letztere Merkmal ist dasselbe auch von den Blättern der *Eucalyptus Houtmanni* m. aus der Eocänflora Australiens, mit welcher es die übrigen Merkmale theilt, verschieden. Die Art zeigt eine auffallende Annäherung zur *E. haldemiana* Hos. et v. d. Marck aus der westfälischen Kreideflora.

Eucalyptus oxleyana sp. n.
Taf. IV, Fig. 9.

E. foliis coriaceis, lanceolatis, falcatis, inaequilateris, basi attenuatis, apice acuminatis, margine integerrimis; nervatione brochidodroma, nervo primario firmo, prominente, apicem versus valde attenuato; nervis secundariis sub angulis 50—60° orientibus, approximatis tenuissimis, rectis, nervo marginali inter se conjunctis; nervis tertiariis inconspicuis.

Fundort: Oxley Road, nächst der Eisenbahnstation Oxley (Loc. I).

Ist von beiden vorhergehenden Arten durch die ungleichseitig lanzettförmigen, etwas sichelförmig gekrümmten Blätter und von *E. cretacea* durch die unter spitzeren Winkeln entspringenden Secundärnerven verschieden. Das Blatt zeichnet sich überdies durch seine verschmälerte und lang vorgezogene Spitze aus, und der Primärnerv, welcher noch bis zur Mitte der Lamina mächtig ist und stark hervortritt, verfeinert sich gegen die Spitze zu sehr rasch. Eine sehr grosse Ähnlichkeit zeigt das Blatt der *E. Mitchelli* m. aus der Eocänflora Australiens, welches jedoch mehr geschlängelte Secundärnerven besitzt, und obwohl etwas sichelförmig gebogen, doch nicht so auffallend ungleichseitig ist wie das hier beschriebene.

Eucalyptus scoliophylla sp. n.
Taf. IV, Fig. 12, 13.

E. foliis coriaceis petiolatis lanceolato-linearibus inaequilateris, subfalcatis utrinque attenuatis, integerrimis; nervatione brochidodroma, nervo primario firmo, prominente, apicem versus valde attenuato, nervis secundariis sub angulis acutis variis egredientibus tenuissimis, arenalis, nervo marginali obsoleto.

Fundorte: Oxley Road, nächst der Bahnstation Oxley (Loc. I); Ipswich Road, gegenüber der Bahnstation Warragh (Loc. IV).

Obgleich der charakteristische Saumnerv an den hieher gestellten Blattfossilien vermisst wird, so können dieselben wegen der übrigen Merkmale und der Tracht des Blattes der Analogie nach doch nur als *Eucalyptus*-Blätter betrachtet und es muss demnach angenommen werden, dass der feine Saumnerv vorhanden war, jedoch sich nicht erhalten hat, wie dies an fossilen *Eucalyptus*-Blättern oft vorkommt. Die Art schliesst sich wegen der ungleichseitigen, etwas gekrümmten Blätter an die vorige an, unterscheidet sich aber von derselben durch viel kleinere Blätter und bogenförmig gekrümmte Secundärnerven. Auf der Lamina sind hin und wieder Spuren der Öldrüsen bemerkbar. (S. die Vergrösserung Fig. 12 a.) Auch zu dieser Art finden wir eine Analogie in der Eocänflora Australiens, nämlich *E. Diemenii* m., bei welcher ebenfalls kleinere, ungleichseitige Blätter vorkommen, welche jedoch durch die fast geradlinigen, einander sehr genäherten Secundärnerven abweichen.

Eucalyptus warraghiana sp. n.

Taf. IV, Fig. 11.

E. foliis coriaceis sublinearibus, acuminatis, integerrimis: nervatione brochidodroma, nervo primario basi firma, apicem versus valde attenuato, recto; nervis secundariis tenuissimis rectis, approximatis, vix conspicuis, nervo marginali obsoleto.

Fundort: Ipswich Road, gegenüber der Bahnstation Warragh (Loc. IV).

Auch bei diesem Blattfossil lässt sich der charakteristische Saumnerv nicht wahrnehmen und die sehr feinen Secundärnerven sind kaum sichtbar; dennoch glaube ich den übrigen Eigenschaften und der Analogie nach dasselbe zu *Eucalyptus* stellen zu dürfen. Das Blatt ist lederartig, fast lineal und nur 9 mm breit, lang zugespitzt, am Rande ungezähnt, jedoch etwas wellig aufgebogen. Von der Nervation bemerkt man nur den an der Basis stark hervortretenden, gegen die Spitze zu aber sehr verfeinerten Primärnerven und Spuren der sehr feinen geradlinigen und genäherten Secundärnerven. Ferner sind deutliche Spuren der Öldrüsen an der Lamina wahrzunehmen. Ist von den vorhergehenden Arten durch die Form der Lamina wohl verschieden. Sehr ähnliche, schmale und lang zugespitzte Blätter kommen bei *E. angusta* Vel. aus der böhmischen Kreideflora vor, welche aber durch die unter auffallend spitzen Winkeln entspringenden Secundärnerven von der australischen Art abzuweichen scheint.

Myrtophyllum latifolium sp. n.

Taf. IV, Fig. 19.

M. foliis coriaceis ovato-ellipticis margine integerrimo subrevolutis: nervatione brochidodroma, nervo primario valido, prominente, recto; nervis secundariis subtilissimis approximatis parallelisque.

Fundort: Oxley Road, nächst der Eisenbahnstation Oxley (Loc. I).

Ein lederartiges, eiförmig elliptisches Blatt, an dessen Lamina man die Spuren, welche die Öldrüsen zurückliessen, schon mit unbewaffnetem Auge wahrnehmen kann. Der Rand erscheint etwas verdickt was einer leichten Einrollung zuzuschreiben sein dürfte. Aus einem verhältnissmässig mächtigen Primärnerven entspringen zahlreiche, äusserst feine, genäherte Secundärnerven unter spitzen Winkeln; ausserdem sind Spuren eines Saumnervs vorhanden. Dieses Blattfossil, dessen Einreihung in die Myrtaceen keinem Zweifel begegnet, kann seinen Eigenschaften nach zu *Eucalyptus*, aber nicht zu einer der im Vorhergehenden beschriebenen Arten gehören. Die Form der Lamina lässt jedoch auch die Annahme anderer Gattungen dieser Ordnung zu, wie von *Metrosideros*, *Myrtus*, *Eugenia* u. s. w. Die Richtigstellung der Gattung auf Grund eines genügenden Materials künftigen Forschungen überlassend, bezeichne ich das Fossil als *Myrtophyllum* und reihe dasselbe dem *M. parvulum* Heer aus der Kreideflora Grönlands an, von welchem es sich durch Merkmale der Nervation unterscheidet.

LEGUMINOSAE.

Podalyriophyllum brochidodromum sp. n.

Taf. IV, Fig. 17.

P. foliis parvis coriaceis, oblongis, integerrimis; nervatione brochidodroma, nervo primario firmo, recto, nervis secundariis sub angulis 40—50° orientibus, tenuibus, arcuatis subflexuosis, furcatis, ramis laqueos formantibus margini subparallelis; nervis tertiariis tenuissimis, abbreviatis, rete microsynammato vix conspicuo.

Fun dort: Bahneinschnitt zwischen der Warragh- und Oxley-Station (Loc. VII).

Das vorliegende kleine Blatt, dessen Textur zweifellos lederartig war, zeigt eine längliche, fast lanzettförmige, vollkommen symmetrische Lamina, deren ungezähnter Rand scharf hervortritt. Der verhältnissmässig starke, geradlinige Primärnerv erscheint in seinem Verlaufe wenig verschmälert und entsendet mehrere feine, bogenförmige, etwas geschlängelte, am Ende gabelspaltige Secundärnerven unter spitzen Winkeln. Die Ästchen verbinden sich zu Schlingenbogen, die dem Rande theilweise parallel laufen. Die kurzen Tertiärnerven sind sehr fein und gehen in ein undeutlich sichtbares, kleinmaschiges Netz (Fig. 17 a) über.

Dass diesem Blattfossil eine sehr verschiedene Deutung gegeben werden kann, ist nicht in Abrede zu stellen; die wahrscheinlichste Annahme aber ist die eines einfachen Leguminosenblattes, wie solches in einigen australischen Gattungen aus der Abtheilung der *Podalyriea* vorkommt. Es dürften künftige Forschungen hierüber vielleicht mit Sicherheit entscheiden; vorläufig hatte ich nur die Absicht, dieses kleine, mir wichtig genug erscheinende Blattfossil der Vergessenheit zu entziehen.

Cassia Etheridgei sp. n.

Taf. IV, Fig. 16.

C. foliis pinnatis, petiolo communi tenui, laevi, inermi, foliolis sessilibus, oblongis, integerrimis, basi obliqua obtusinsculis; nervatione brochidodroma, nervo primario tenui recto, basi prominente; nervis secundariis sub angulis acutis variis egredientibus, arcuatis, flexuosis; nervis tertiariis vix conspicuis.

Fundort: Strasseneinschnitt bei Oxley, nahe dem Flusse (Loc. II).

Ein noch an seiner Spindel sitzendes Theilblättchen; erinnert an den Abdruck eines gefiederten Blattes aus den Kreideschichten von Unter-Atanekerdluk in Heer's Foss. Flora der arktischen Zone, VI. Bd. Taf. 27. Fig. 6, welches er mit der *Palaeocassia angustifolia* m. aus der Kreideflora von Niederschoena vereinigte und als *Cassia angusta* bezeichnete. Ich folge nun Heer's Beispiel, indem ich unser Blattfossil Fig. 16 ebenfalls zur lebenden Gattung *Cassia* stelle und die Art, welcher dasselbe angehört, der genannten Art anreihe. Letztere ist durch grössere, kurz gestielte, lanzettförmige, an der Basis verschmälerte und fast gleichseitige Blättchen, durch einen entsprechend stärkeren Primärnerven und durch mehr entfernt von einander unter auffallend spitzen Winkeln entspringende Secundärnerven charakterisirt, während die *C. Etheridgei* kleine, sitzende, längliche, an der stumpflichen Basis etwas schiefe Theilblättchen besitzt, die von einem feinen Primärnerven und mehr genäherten, unter wenig spitzen Winkeln entspringenden, etwas geschlängelten, unter einander durch Schlingen verbundenen Secundärnerven durchzogen werden. (S. die Vergrösserung der Nervation Fig. 16 a.)

Cassia prae-memnonia sp. n.

Taf. IV, Fig. 15.

C. foliolis coriaceis, lanceolatis, basi subobliqua obtusis, apice acuminatis, margine integerrimis; nervatione camptodroma, nervo primario firmo prominente recto, apicem versus attenuato; nervis secundariis tenuissimis, approximatis arcuatis marginem adscendentibus; nervis tertiariis subtilissimis in rete microsynammato dissolutis.

Fundorte. Strasseneinschnitt bei Oxley, nahe dem Flusse (Loc. II); Ipswich Road, gegenüber der Bahnstation Warragh (Loc. IV).

Dieses Leguminosen-Theilblättchen zeigt in allen Eigenschaften mit Ausnahme der Textur und der dieser entsprechenden Stärke des Primärnervs, sowie der Basis grosse Übereinstimmung mit dem Blättchen der *Cassia Pseudo-Memnonia* m. aus der Tertiärflora Neuseelands (l. c. Taf. 5, Fig. 6). Die Textur ist ausgesprochen lederartig, im Gegensatz zu der membranösen bei der genannten Art. Die Basis des Theilblättchens ist stumpf und etwas weniger schief. Der geradlinige Primärnerv tritt im Basaltheil stark hervor und verfeinert sich erst im Verlaufe gegen die Spitze zu bedeutend. Während bei der neuseeländischen Art die Tertiärnerven und das Netz nicht erhalten sind, konnten bei der verwandten Kreideart deutliche Spuren von Tertiärnerven und ein äusserst zartes Maschennetz (welches in Fig. 15 a vergrössert dargestellt ist) wahrgenommen werden. Die Lanzettform des Theilblättchens, Randbeschaffenheit, den Charakter der Nervation, insbesondere die Merkmale der Secundärnerven theilen beide Arten miteinander. Wie dieselben sich von der analogen *Cassia Memnonia* Ung. der europäischen Tertiärflora unterscheiden, geht schon aus dem bei der *C. Pseudo-Memnonia* a. a. O. S. 173 Gesagten hervor, worauf ich zur Vermeidung einer Wiederholung verweise.

Cassia prae-phaseolitoides m.

Taf. IV. Fig. 14.

Syn. *Palaeocassia phaseolitoides* m. Beiträge z, Kenntn. d. foss. Flora Neuseelands, Denkschr. Bd. LIII, S. 189, Taf. IX, Fig. 17.

Fundort: Ipswich Road, gegenüber der Eisenbahnstation Warragh (Loc. IV).

Das Blattfossil Fig. 14 verräth nach seiner lederartigen Textur, der Form, Randbeschaffenheit und Nervation eine solche Übereinstimmung mit dem Theilblättchen der *Palaeocassia phaseolitoides* m. aus den Kreideschichten von Grey River in Neuseeland, dass ich die Identität der Art annehme. Da ich nach Heer die Gattung *Cassia* für die Kreideflora nun annehme, der Name *C. phaseolitoides* jedoch schon für die Tertiärflora Australiens vergeben ist, so habe ich denselben in *C. prae-phaseolitoides* umgeändert. Es ist möglich, dass diese Art die Stammart einerseits der *C. phaseolitoides* der australischen, andererseits der *C. Pseudo-Phaseolites* m. der neuseeländischen Tertiärflora (l. c. Taf. 6, Fig. 6) ist. Als die nächstverwandte Art der Kreideflora kann *C. Ettingshauseni* Heer, Fossile Flora der arctischen Zone VI. Bd., Taf. 26, Fig. 8 und VII. Bd., Taf. 55, Fig. 19 b; Taf. 64, Fig. 12 aus den Atane- und Patoot-Schichten bezeichnet werden, welche durch die von einander entfernter stehenden Secundärnerven von der australischen abweicht. Bezüglich der Blattmerkmale der *C. prae-phaseolitoides* verweise ich auf obiges Citat.

Leguminosites pachyphyllus sp. n.

Taf. IV. Fig. 18.

L. foliolis rigide coriaceis, rotundato-ovatis vel ellipticis, basi inaequali subsessilibus, margine integerrimis: nervatione camptodroma, nervo primario pervalido, recto, prominente; nervis secundariis tenuissimis, sub angulis 40—50° orientibus distantibus: nervis tertiariis obsoletis.

Fundort: Strasseneinschnitt bei Oxley, nahe dem Flusse (Loc. II).

Ein Gesteinsstück aus obiger Lagerstätte ist mit Trümmern eines Blattfossils, welchem eine starre, dicklederartige Textur zukam, ganz und gar angefüllt. Aus den Fragmenten liessen sich Basalstück, Mittelstück und Spitzestück des Blattfossils herausfinden und nach diesen leicht ein vollständiges Exemplar (Fig. 18), construiren. Ausser der erwähnten Textur kommen demselben noch folgende Eigenschaften zu. Die Form ist eirund bis elliptisch; die sehr kurz gestielte oder fast sitzende Basis ungleich; der scharf ausgeprägte, die steife Textur markirende Rand ungezähnt. Von der Nervation bemerkt man einen mächtig hervortretenden, doch gegen die Spitze zu beträchtlich verfeinerten, geraden Primärnerven und von diesem nicht sehr gedrängt unter spitzen Winkeln abgehende, sehr feine Secundärnerven. Von Tertiärnerven konnte ich keine Spur finden; jedoch kamen mir Bruchstücke unter, auf denen ein äusserst zartes, kleinmaschiges Netz angedeutet ist, das sich mit dem eines *Copaifera*-Theilblättchens (s. Nervation der Papilionaceen

Sitzungsber. XII. Bd., Taf. 20, Fig. 3) wohl vergleichen lässt. Den angegebenen Merkmalen nach halte ich dieses Fossil für ein Leguminosen-Theilblättchen, ähnlich denen vieler tropischen Arten dieser Classe, und reihe dasselbe, bis ein reichhaltiges Material eine genauere Bestimmung der Gattung erlaubt, der Sammelgattung *Leguminosites* ein.

Plantae incertae sedis.

Bei der Bearbeitung einer fossilen Flora bleiben stets Pflanzenfossilien übrig, deren Deutung grossen, anscheinend unüberwindlichen Schwierigkeiten unterliegt. Sollen solche Fossilreste bei Seite gelegt, eventuell der Vergessenheit preisgegeben werden oder gänzlich verloren gehen? Meiner Ansicht nach erfordert die umfassende, möglichst gewissenhafte Bearbeitung, dass sämmtliche deutlich erkennbaren Reste, auch diejenigen, deren systematische Stellung zweifelhaft ist oder derzeit nicht erforscht werden kann, beschrieben und abgebildet, letztere provisorisch benannt werden. Aus diesem Grunde haben die folgenden Pflanzenfossilien aus den Kreideschichten Australiens hier Aufnahme gefunden.

Carpolithes siliculaeformis sp. n.
Taf. IV, Fig. 20.

C. fructu plano rotundato-elliptico, 6 mm lato, subrugoso-striato, monospermo; semine oblongo.

Fundort: Eisenbahneinschnitt zwischen den Stationen Warragh und Oxley (Loc. VII).

Eine kleine flache Frucht von rundlich elliptischer Form, deren Rand sich scharf begrenzt, was eine derbere Consistenz anzeigt, daher keine Flügelfrucht anzunehmen ist. Die Oberfläche erscheint fein-, fast runzelig gestreift. In der Mitte bemerkt man einen Samen von länglicher Form durchschimmern. Das Fruchtfossil gleicht einigermassen dem *Carpolithes Gräffii* Heer, Tertiärflora der Schweiz, Bd. III, Taf. 141, Fig. 40, unterscheidet sich aber von demselben wesentlich durch den Mangel eines Flügels.

Carpolithes semisulcatus sp. n.
Taf. IV, Fig. 21.

C. fructu planiusculo vel compresso, rotundato-obovato, 7 mm in diam., sutura longitudinali et sulco semilunari notato.

Fundort: Strasseneinschnitt bei Oxley, nahe dem Flusse (Loc. II).

Eine kleine, etwas flache oder zusammengedrückte, rundlich-verkehrt- eiförmige Frucht mit scharf begrenztem Rande. Die Mitte derselben durchzieht eine feine Linie, welche ich für eine Naht halte. Vor derselben zweigt sich auf einer Seite nahe dem Grunde ein sehr feiner Nerv ab. Eine verhältnissmässig breite, halbmondförmige Furche trennt einen centralen, convex hervortretenden Theil von einem peripherischen, flügelartigen, flachen.

Carpolithes complanatus sp. n.
Taf. IV, Fig. 23.

C. fructu complanato, rotundato, circ. 25 mm in diam., irregulariter ruguloso et obsolete striato.

Fundort: Strasseneinschnitt bei Oxley, nahe dem Flusse (Loc. II).

Eine ziemlich flache, rundliche Frucht, deren verdickter Rand eine sehr derbe Consistenz verräth. Die Oberfläche ist mit längsläufigen, unregelmässigen, schmalen Runzeln und zum Theil verwischten, feineren Streifen durchzogen.

Carpolithes fagiformis sp. n.
Taf. IV, Fig. 22.

C. fructu parvulo, nuculaeformi, angulato, ruguloso.

Fundort: Eisenbahneinschnitt zwischen den Stationen Warragh und Oxley (Loc. VII).

Es liegt nur der Abdruck einer kleinen, nussartigen, kantigen Frucht vor, deren Flächen feine Runzeln zeigen. Man könnte dieselbe ihrer Gestalt nach mit einem kleinen Buchennüsschen vergleichen. Es ist immerhin möglich, dass diese Frucht zur Gattung *Fagus* gehört, von welcher drei Arten in Blättern aus den Schichten der australischen Kreideformation zu Tage gefördert worden sind. Ich habe mich jedoch hievon nicht überzeugen können, da die Erhaltung des Fruchtabdruckes zu unvollständig ist. Bis auf weiteres möge der Rest unter dieser Bezeichnung für künftige Forschungen vorgemerkt sein.

Phyllites actinoneuron sp. n.

Taf. IV, Fig. 24.

Ph. foliis coriaceis ovato-ellipticis, basi subcordatis, margine serratis; nervatione actinodroma imperfecta, nervo primario prominente recto; nervis secundariis sub angulis 50—60°, basilaribus sub obtusioribus orientibus, tenuibus, simplicibus vel furcatis; nervis tertiariis obsoletis.

Fundort: Oxley Road, nächst der Eisenbahnstation Oxley (Loc. I).

Das Blattfossil ist zwar an der Spitze verletzt, lässt sich jedoch zu einer eiförmig elliptischen Lamina ergänzen. Die Basis erscheint abgerundet stumpf, fast herzförmig und dürfte sitzend gewesen sein. Der Rand ist zwar verwischt, doch sind deutliche Spuren von Sägezähnen vorhanden. Der Primärnerv tritt scharf hervor, verläuft gerade und zeigt eine feine Längsfurche. Die Secundärnerven sind fein, meist einfach, selten gabeltheilig, fast gerade oder nur schwach gebogen; die grundständigen strahlenförmig abstehend. Die Bestimmung dieses Fossils erfordert besser erhaltene Exemplare.

ERKLÄRUNG DER TAFELN.

Zur Orientirung für Nichteingeweihte oder um Missverständnissen in der Bestimmung der Pflanzenfossilien vorzubeugen, sind die Fragmente oft ergänzt worden. Die feinen Bruchlinien zeigen die Contouren der Fossilien an, über welche hinaus die Ergänzungen möglichst nach den Anhaltspunkten, welche die vorliegenden Reste selbst ergaben, vorgenommen wurden.

TAFEL I.

Fig. 1. *Acrostichum primordiale* sp. n. Wedelbruchstücke, von einem Strasseneinschnitt bei Oxley (Loc. II); 1 a Vergrösserung.
- 2. *Zosterites angustifolius* sp. n. Blattfragment, von Oxley Road nächst der Eisenbahnstation Oxley (Loc. I); 2 a Vergrösserung der Nervation.
- 3. *Cyperites ambiguus* sp. n. Blattfragment, von einem Bahneinschnitt zwischen der Worragh- und der Oxley-Station (Loc. VII). 3 a Vergrösserung der Nervation.
- 4, 5. *Myrica pseudo-liguitium* sp. n. Blattfragmente; Fig. 4 von Ipswich Road, gegenüber der Eisenbahnstation Warragh (Loc. IV), Fig. 5 von Oxley Road (Loc. I). 4 a und 5 a Vergrösserungen der Nervation.
- 6. *Myrica lignitum* Ung. Blatt von Parschlug zur Vergleichung.
- 7—9. *Thuites Wilkinsoni* sp. n. 7 Same, 8 und 9 Zweigfragmente, vom Strasseneinschnitt bei Oxley (Loc. II); 9 a Vergrösserung der Zweigspindel.
- 10. *Aulacolepis rhomboidalis* sp. n. Zapfenschuppe, von einem Eisenbahneinschnitt nördlich von der Station Oxley (Loc. III).
- 11—13. *Glyptostrobus australis* sp. n. 11 Same von der Loc. I; 12, 13 Zweigchenbruchstücke von der Loc. III.
- 14, 15 *Ceratophyllum australe* sp. n., von der Loc. III: 14 Querbrüche der Stengelknoten, 14 a Vergrösserung eines solchen; 15 Frucht.
- 16—20. *Casuarina primaeva* sp. n. 17 Fragment eines zarten Zweigchens aus der Localität VII, 17 a Vergrösserung desselben; die übrigen Figuren stellen verschiedene ZweigspinJelfragmente aus der Loc. I dar.
- 21. *Quercus Stokesii* sp. n. Blattfragment aus der Loc. III.
- 22, 23. *Quercus eodyophylla* sp. Blattfragmente; 22 von der Loc. III, 23 von der Loc. V, nächst Oxley Creek.
- 24. *Quercus nelsonica* m. von der Loc. III; 24 a Vergrösserung der Nervation.
- 25. *Quercus rosmarinifolia* sp. n. Blatt von der Loc. III; 25 a ein Stück desselben vergrössert dargestellt.
- 26. *Quercus eucalyptoides* sp. n. Blatt von der Loc. II.
- 27, 28. *Quercus* sp. Früchte aus der Loc. II. 27 a eine solche vergrössert, um die geringelte Structur des Fruchtbechers zu zeigen.
- 29. *Myricophyllum longepetiolatum* sp. n. Blatt aus der Loc. VII.
- 30. *Dryophyllum Lesquereuxii* sp. n. Blattfragment aus der Loc. I; 30 a Vergrösserung der Nervation.

TAFEL II.

Fig. 1—5. *Fagus prae-ninnisiana* sp. n. Blätter von der Loc. IV (Ipswich Road). Fig. 3 a die Nervation vergrössert gezeichnet.
- 6—8. *Fagus prae-nimifolia* sp. n. Blattfossilien, Fig. 6 und 7 von der Loc. IV; 8 von der Loc. V (nächst Oxley Creek). 6 a Vergrösserung der Nervation.
- 9. *Fagus leptoneura* sp. n. Blattbruchstück aus der Loc. III (Eisenbahneinschnitt nördlich der Station Oxley); 9 a die Nervation vergrössert dargestellt.
- 10. *Quercus pseudo-chlorophylla* sp. n. Blattfragment von der Loc. III.
- 11. *Artocarpidium pseudo-cretaceum* sp. n. Blattfragment von der Loc. IV.
- 12. *Ficus Ipswichiana* sp. n. Blatt aus der Loc. IV; 12 a Vergrösserung der Nervation.
- 13, 14. *Monimia prae-vestita* sp. n. Blattfossilien, 13 von der Loc. III, 14 von der Loc. I (Oxley Road).
- 15. *Laurus plutonius* sp. n. Blatt von der Loc. IV.

TAFEL III.

Fig. 1. *Cinnamomum peisnigentum* m. Blattfossil von Oxley Road (Loc. I).
- 2, 3. *Cinnamomum Haastii* m. Blattfragmente von der Loc. IV (Ipswich Road); 2 a die Nervation vergrössert dargestellt.
- 4. *Diemenia lancifolia* sp. n. Blatt von der Loc. I; 4 a Vergrösserung der Nervation.

Fig. 5, 6. *Apospermophyllum Warraghianum* sp. n. Blattfragmente von der Loc. IV.

- 7. *Banksia sublongifolia* sp. n. Blattfossil von der Loc. VII (Bahneinschnitt zwischen den Stationen Warragh und Oxley). 7 a Vergrösserung der Nervation.

8. *Banksia plagioneura* sp. n. Blattfragment von der Loc. VIII, 8 a Vergrösserung der Nervation.

- 9, 10. *Banksia cretacea* sp. n. Blattfragment von der Loc. VII; 9 a die Nervation vergrössert dargestellt.

11. *Banksia cremata* sp. n. Blattbruchstück von der Loc. II (Strasseneinschnitt bei Oxley; 11 a Vergrösserung der Nervation.

- 12, 13. *Rhopalophyllum australe* sp. n. Theilblättchen, 12 von der Loc. IV, 13 von der Loc. I.

14. *Greveillea Oxleyana* sp. n. Blattfragment von der Loc. VII; 14 a Vergrösserung der Nervation.

- 15. *Conospermites linearifolius* sp. n. Blattfragment von der Loc. VII; 15 a Vergrösserung der Nervation.

16. *Proteoides australiensis* sp. n. Blattbruchstück von der Loc. VII; 16 a die Nervation vergrössert dargestellt.

- 17, 18 und 21. *Diospyros cretacea* sp. n.; 17 Blattfossil von der Loc. IV, 18 Beere von der Loc. VII, 20 eine solche von der Loc. IV.

- 19, 20. *Debeya australicusis* sp. n. Theilblättchen von der Loc. IV; 19 a Vergrösserung der Nervation; 19 b Basalstück ergänzt.

- 21, 22. *Debeya affinis* sp. n. Theilblättchen; 21 von der Loc. III, 22 von der Loc. IV.

23. *Andromeda australiensis* sp. n. Blatt von der Loc. II; 23 a die Nervation vergrössert dargestellt.

TAFEL IV.

Fig. 1. *Malpighiastrum cretaceum* sp. n. Blatt von der Loc. IV; 1 a Vergrösserung der Nervation.

2. *Bansteriophyllum cretaceum* sp. n. Blatt von der Loc. IV.

- 3. *Elhcridgea subglobosa* sp. n. Fruchtfossil aus der Loc. VII; 3 a ein Theil desselben vergrössert dargestellt.

- 4. *Aralia subformosa* sp. n. Blatt aus der Loc. I.

- 5. *Ceratopetalum primigenium* sp. n. Blattfossil von der Loc. IV; 5 a Vergrösserung der Nervation.

- 6. *Elaeodendron priscum* sp. n. Blatt aus der Loc. III.

- 7, 8. *Eucalyptus cretacea* sp. n. Blattbruchstücke; 7 aus der Loc. IV, 8 aus der Loc. VII; 7 a Vergrösserung der Nervation.

- 9. *Eucalyptus Oxleyana* sp. n. Blatt von der Loc. I.

- 10. *Eucalyptus Davidsoni* sp. n. Blattbruchstück aus der Loc. II.

- 11. *Eucalyptus Warraghiana* sp. n. Blattfossil aus der Loc. IV.

- 12, 13. *Eucalyptus scoliophylla* sp. n. Blattfragmente aus der Loc. I.

- 14. *Cassia prae-phaseolitoides* m. Theilblättchen von der Loc. IV.

- 15. *Cassia prae-memnonia* sp. n. Theilblättchen von der Loc. IV.

- 16. *Cassia Elheridgei* sp. n. Theilblättchen mit Blattspindelfragment von der Loc. II; 16 a Vergrösserung der Nervation.

- 17. *Podalyriophyllum brachidolomum* sp. n. Blattfossil von der Loc. VII; 17 a Vergrösserung der Nervation.

- 18. *Leguminosites pachyphyllus* sp. n. Theilblättchen von der Loc. II; 18 a Vergrösserung der Nervation.

- 19. *Myrtophyllum latifolium* sp. n. Blatt von der Loc. I; 19 a Vergrösserung der Nervation.

- 20. *Carpolithes siliculaeformis* sp. n. Frucht von der Loc. VII.

- 21. *Carpolithes semisulcatus* sp. n. Frucht von der Loc. II.

- 22. *Carpolithes fagiformis* sp. n. Frucht von der Loc. VII.

- 23. *Carpolithes complanatus* sp. n. Frucht von der Loc. II.

- 24. *Phyllites actinoneura* sp. n. Blatt von der Loc. I; 24 a Vergrösserung der Nervation.

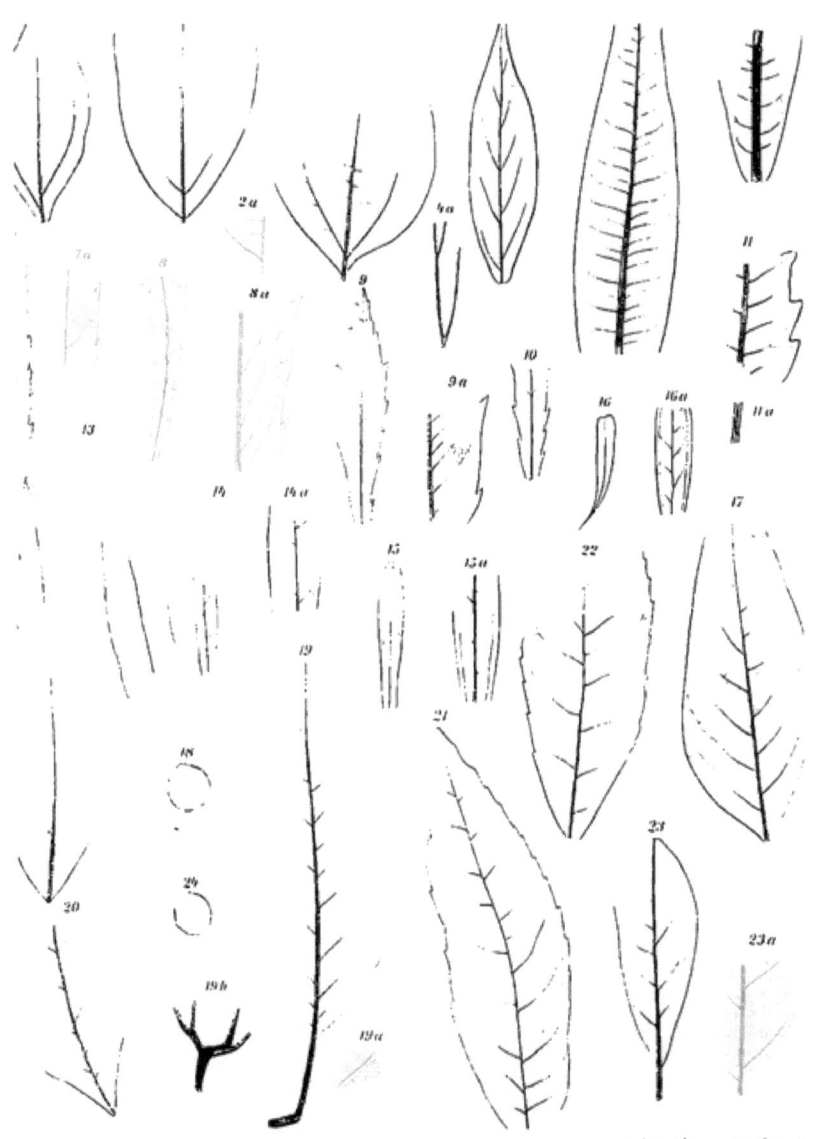

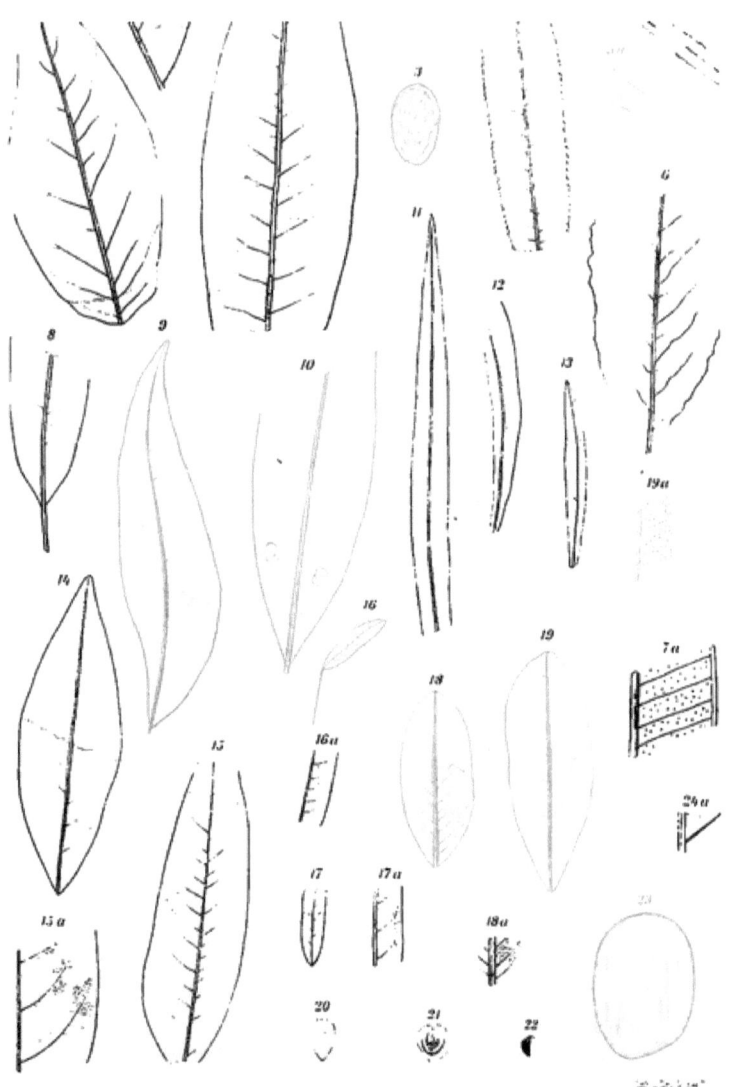